Die Neuorganisation der Krankenversicherung

nach der Reichsversicherungsordnung

in den deutschen Bundesstaaten

Von

Wirkl. Geh. Ober-Regierungsrat **Dr. Hoffmann** (Preußen), Ministerialrat **Metz** (Bayern), Ober-Regierungsrat im Min. d. Innern **Dr. Wittmaack** (Sachsen), Ministerialrat **Schäffer** (Württemberg), Ministerialrat **Franz** (Baden), Ober-Regierungsrat u. vortr. Rat im Min. d. Innern **Graef** (Hessen), Ministerialrat **Nelken** (Elsaß-Lothringen), Regierungsrat **Dr. Sonderhoff** (Hamburg), Regierungsrat **Dr. Lürmann** (Bremen) und Rat am Stadt- und Landamt **Dr. Storck** (Lübeck).

Nebst einer statistischen Vergleichung der bisherigen und der neuen Organisation der Krankenversicherung für das ganze Reich von Senatspräsident im Reichsversicherungsamt **Dr. Klein**.

Sonderabdruck aus der Monatsschrift für Arbeiter- und Angestellten-Versicherung. 2. Jahrg., Heft 1—3.

Springer-Verlag Berlin Heidelberg GmbH

1914

Inhaltsverzeichnis.

	Seite
Die Organisation in Preußen. Von Wirklichem Geheimen Ober-Regierungsrat Dr. Hoffmann, Berlin	3
Die Organisation in Bayern. Von Ministerialrat Metz, München	10
Die Organisation im Königreich Sachsen. Von Dr. Wittmaack, Dresden, Ober-Regierungsrat im Ministerium des Innern	14
Die Organisation in Württemberg. Von Ministerialrat Schäffer, Stuttgart	18
Die Organisation in Baden. Von Ministerialrat Franz, Karlsruhe	24
Die Organisation im Großherzogtum Hessen. Von Ober-Regierungsrat Graef, Darmstadt, vortragendem Rate im Ministerium des Innern	30
Die Organisation in Elsaß-Lothringen. Von Ministerialrat Nelken, Straßburg	36
Die Organisation in Hamburg. Von Regierungsrat Dr. Sonderhoff, Vorsitzendem des Versicherungsamts Hamburg	39
Die Organisation in Bremen. Von Regierungsrat Dr. Lürmann, Bremen	46
Die Organisation in Lübeck. Von Dr. Storck, Rat am Stadt- und Landamt in Lübeck	48
Statistische Vergleichung der bisherigen und der neuen Organisation der Krankenversicherung für das ganze Reich. Von Dr. Klein, Senatspräsident im Reichsversicherungsamt	50

Die Neuorganisation der Krankenversicherung nach der Reichsversicherungsordnung in den deutschen Bundestaaten.

1. Die Organisation in Preußen*).
Von Wirklichem Geheimen Ober-Regierungsrat
Dr. Hoffmann, Berlin.

Obwohl es mehr wie selbstverständlich war, daß die RVO. durch die Abkehr von der bisherigen Grundregel der Organisation der Krankenkassen und durch die Aufstellung des Grundsatzes, daß im Bezirk eines jeden Versicherungsamts allgemeine Ortskrankenkassen bestehen müssen, große Umwälzungen hervorrufen würde, so scheint doch die Tragweite dieser Änderungen während der Beratung des Entwurfs der RVO. im Reichstag von keiner Seite richtig gewürdigt worden zu sein; denn sonst würden nicht allenthalben Überraschungen hervortreten und der Meinung Ausdruck gegeben werden, daß die Maßnahmen, die von der obersten Verwaltungsbehörde in Preußen im allgemeinen oder in bestimmten Einzelfällen getroffen werden, mit dem Gesetz in Widerspruch ständen oder zum mindesten „vom Gesetzgeber nicht gewollt" seien. In erster Linie hat diese Auffassung ihren Grund darin, daß das Wesen der allgemeinen Ortskrankenkasse verkannt wird. Offenbar ist hier die Meinung verbreitet, daß die allgemeinen Ortskrankenkassen der RVO. die jetzigen gemeinsamen Ortskrankenkassen des Krankenversicherungsgesetzes ablösen sollen, indem sie für Gewerbszweige zusammen errichtet würden, für die im einzelnen Ortskrankenkassen wegen der geringen Zahl der Mitglieder nicht angängig sind. Demnach sollen die allgemeinen Ortskrankenkassen in erster Linie für die Aufnahme der der Versicherung neu unterstellten Personen unter Beibehaltung der für einzelne Betriebsarten oder Gewerbszweige errichteten Ortskrankenkassen bestimmt sein. Diese Auffassung wäre allenfalls diskutabel, wenn nicht die der Versicherungspflicht neu unterstellten Personenkreise den Landkrankenkassen vorbehalten wären und nicht überall allgemeine Ortskrankenkassen errichtet werden müßten. Da nun diese Kassen in ihren Leistungen für die anderen Kassenarten vorbildlich und somit besonders leistungsfähig sein sollen, so kann die Absicht der Gesetzgebung nur dahin aufgefaßt werden, daß auf Kosten der bestehenden Ortskrankenkassen dafür gesorgt werden muß, daß die allgemeinen Ortskrankenkassen nach Zusammensetzung und Art ihres Mitgliederkreises als unbedingt leistungsfähig angesehen werden können. Solange diese Voraussetzung nicht erfüllt war, konnte von einem „Recht" der bestehenden Ortskrankenkassen auf Zulassung als besondere Ortskrankenkassen nicht die Rede sein. Und daraus erklärt es sich auch, daß manche Ortskrankenkassen, die sich zweifellos als besonders leistungsfähig erwiesen hatten, nicht zugelassen werden konnten, um der neuen allgemeinen Ortskrankenkasse ausgesucht gute Versicherungsrisiken zuzuführen. Diese Notwendigkeit trat besonders da hervor, wo von der Vertretung eines Kreises die Errichtung einer allgemeinen Ortskrankenkasse für den Bezirk des ganzen Kreises beschlossen war. Unter dem Krankenversicherungsgesetz, das vorwiegend die gewerbliche Tätigkeit in die Versicherung einbezogen hatte, waren, soweit es sich nicht um gewerblich besonders entwickelte Gegenden handelte, in der Regel nur für den Bezirk der kreisangehörigen Städte, in denen sich das Ge-

---
*) Siehe auch „Zur Organisation der Krankenversicherung nach der Reichsversicherungsordnung" in Nr. 1 u. 2 des 1. Jahrg. der Monatsschrift für Arbeiter- und Angestellten-Versicherung.

werbe konzentrierte, Ortskrankenkassen gebildet, während für den Rest des Kreises die Gemeindekrankenversicherung den Träger der Versicherung abgab. Alle diese Kassen erhoben, zumal, wenn sie schon vor dem Krankenversicherungsgesetz bestanden hatten, den Anspruch, auch weiterhin zugelassen zu werden. Der Antrag auf Ausgestaltung war durch den Beschluß des Kreistags, eine allgemeine Ortskrankenkasse für den ganzen Kreis zu errichten, gegenstandslos geworden; aber auch dem Antrag auf Zulassung als besondere Ortskrankenkasse neben der allgemeinen Ortskrankenkasse des Kreises konnte nicht entsprochen werden, weil dann für die Kreisortskrankenkassen kaum noch Mitglieder übrig geblieben wären, namentlich dann, wenn die durch die RVO. der Versicherungspflicht neu unterstellten Personenkreise in die Landkrankenkasse einbezogen werden sollten. Dabei mußte eine Gefährdung des Bestandes der allgemeinen Ortskrankenkasse auch dann angenommen werden, wenn es sich um eine einzelne Ortskrankenkasse für einen Teil des Kassenbezirkes der neuen allgemeinen Ortskrankenkasse handelte, denn diese Kasse muß in allen Teilen ihres Betriebs gleichmäßig leistungsfähig sein. Da gerade auch in diesen Ortskrankenkassen die besten Versicherungsrisiken enthalten waren, so lag es auf der Hand, daß diese Kassen im Interesse der Leistungsfähigkeit der Kreisortskrankenkasse geschlossen werden mußten.

Verhältnismäßig selten ist bei Schließung von bestehenden Ortskrankenkassen von der Vorschrift des § 240 Nr. 4 RVO. Gebrauch gemacht, wonach Ortskrankenkassen nicht zuzulassen sind, wenn sie nicht auf die Dauer leistungsfähig erscheinen. Das hat in der Hauptsache seinen Grund darin, daß solche Kassen die gesetzlich zulässigen Mittel zur Aufbesserung ihrer finanziellen Lage, also die Herabsetzung der Leistungen oder die Erhöhung der Beiträge, noch nicht restlos zur Anwendung gebracht haben. In der Regel handelte es sich übrigens dabei um Krankenkassen, die wegen zu geringer Mitgliederzahl nach dem Durchschnitt der drei letzten Jahre ohnehin geschlossen werden mußten. Auch war die Erwägung maßgebend, daß die Kassen, wenn sie ihrer Verpflichtung, gleichwertige Leistungen mit denjenigen der allgemeinen Ortskrankenkasse zu gewähren, nicht nachkommen würden, späterhin so wie so geschlossen werden würden.

Völlig verkannt oder doch nicht hinreichend gewürdigt ist der zentralisierende Einfluß, den die Errichtung von Landkrankenkassen auf den Bestand der Ortskrankenkassen und auf die Organisation allgemeiner Ortskrankenkassen haben mußte. In nicht wenigen Kreisen des Westens war die Versicherungspflicht durch Kreisstatut auf die land- und forstwirtschaftlichen Arbeiter ausgedehnt; sie waren Mitglieder der für kleinere Bezirke bestehenden Ortskrankenkassen. Soweit für diese Kreise die Errichtung je einer Landkrankenkasse beschlossen worden ist, müssen diese Personen, vorbehaltlich des Rechtes nach Art. 29 EG. z. RVO. der bisherigen Kasse oder der an ihre Stelle tretenden allgemeinen Ortskrankenkasse weiter anzugehören, aus der Ortskrankenkasse ausscheiden. Dadurch sinkt auf die Dauer der Mitgliederstand der einzelnen Kasse so, daß die Leistungsfähigkeit nicht mehr gesichert erscheint und demnächst nach § 267 Nr. 1 RVO. die Schließung oder die Vereinigung mit einer anderen Ortskrankenkasse herbeigeführt werden muß. Infolgedessen haben sich die Vertretungen der Gemeindeverbände dazu entschlossen, neben der Landkrankenkasse eine allgemeine Ortskrankenkasse für den ganzen Bezirk des Kreises zu errichten. Zu dem gleichen Ergebnis ist es aber auch in anderen Kreisen gekommen, wo die landwirtschaftlichen Arbeiter noch nicht versicherungspflichtig und noch nicht Mitglieder einer Ortskrankenkasse waren. Bei der verhältnismäßig geringen Zahl der gewerblichen Arbeiter erschien die Errichtung allgemeiner Ortskrankenkassen für kleinere Bezirke unmöglich, so daß auch hier im Hinblick auf die Landkrankenkasse eine allgemeine Ortskrankenkasse für den ganzen Bezirk des Kreises das Zweckmäßigste oder einzig Mögliche erschien. Dieser neuen Krankenkasse mußten naturgemäß die Ortskrankenkassen zum Opfer fallen, die in einzelnen Teilen des Bezirkes bestanden, nicht nur, weil die hier vorhandenen Versicherten für die Leistungsfähigkeit der Kreisortskrankenkasse notwendig gebraucht wurden, sondern auch, weil durch Durchbrechung des Verwaltungsgebiets der Kasse die Kassenverwaltung erschwert und verteuert wurde.

Allerdings darf die Frage nicht unterdrückt werden, ob diese Kreisorts- und Kreislandkrankenkassen zweckmäßige Gebilde sind. Die Frage läßt sich nicht allgemein beantworten, da die bisherigen Erfahrungen kein einheitliches Bild ergeben. Es gibt Kreise, in denen die Verwaltung der gemeinsamen Ortskrankenkasse durchaus zufriedenstellende Ergebnisse gezeitigt und zu Anständen keinen Anlaß gegeben hat. Andere Kreise haben sich dagegen wegen der schlechten Geschäftsergebnisse der Kreisortskrankenkasse genötigt gesehen, an Stelle der gemeinsamen Ortskrankenkasse für den ganzen Bezirk des Kreises mehrere gemeinsame Ortskrankenkassen für Teile des Kreises ins Leben treten zu lassen, die sich dann durchweg bewährt haben. Diese als allgemeine Ortskrankenkasse im Sinne der RVO. beizubehalten, war ihre erste Sorge. Auch unter der Herrschaft der RVO. wird die alte Erfahrung ihre Geltung behalten, daß die Verwaltung einer Krankenkasse um so teurer und schwieriger sein wird, je größer der örtliche Bezirk ist. Bei einem ausgedehnten örtlichen Bezirke bietet die Überwachung der Kranken und die Bekämpfung der Simulation große Schwierigkeiten. Nur durch eine sorgfältig und gleichmäßig über den ganzen Kassenbezirk hin organisierte und zuverlässig wirkende Kontrolle werden hier die schlimmsten Schäden hintangehalten. Immerhin darf nicht übersehen werden, daß eine solche Einrichtung der Kontrolle nicht billig ist und auf die Höhe der Verwaltungskosten von Einfluß sein muß. Um den Nachteilen, die sich aus einem zu ausgedehnten Kassenbezirk ergeben können, zu begegnen, hat der Reichstag die Aufnahme des § 415 beschlossen.

Danach können die Krankenkassen mit Zustimmung des Oberversicherungsamts für bestimmte Gruppen ihrer Mitglieder oder bestimmte Bezirke Sektionen errichten und ihnen einen Teil, jedoch höchstens zwei Drittel der Einnahmen und der Leistungen zuweisen. Auch in den Mustersatzungen sind Bestimmungen über die Geschäftsführung der Sektionen vorgesehen, wobei dem Leiter der Sektion in erster Linie die Erledigung rein lokaler Geschäfte übertragen ist. Dazu gehört neben der Festsetzung der Krankenunterstützung auch die Überwachung der in ärztlicher Behandlung befindlichen Kranken. Die Vorschriften des Gesetzes über die Sektionen sind so allgemein gefaßt, daß sie dem Bedürfnis entsprechend ausgestaltet werden können. Immerhin bleibt abzuwarten, ob von dieser Einrichtung weitgehender Gebrauch gemacht werden wird und ob die Erwartungen, die an diese Neuerung der RVO. geknüpft werden, in Erfüllung gehen. Es erscheint durchaus nicht ausgeschlossen, daß in absehbarer Zeit in den Kreisen, die neben einer Landkrankenkasse eine allgemeine Ortskrankenkasse für den ganzen Bezirk besitzen, das Verlangen nach kleineren Kassenbezirken mit elementarer Gewalt hervortritt oder sich im Hinblick auf die schlechten Geschäftsergebnisse als eine zwingende Notwendigkeit (§ 267 Nr. 2 RVO.) herausstellt. Da die Voraussetzungen des § 228 RVO., unter denen von der Errichtung einer allgemeinen Ortskrankenkasse abgesehen werden kann, nach den gemachten Erhebungen nur im Bezirk eines Versicherungsamts in Preußen vorliegen, so kann lediglich die Beseitigung der Landkrankenkasse durch ihre Vereinigung mit der allgemeinen Ortskrankenkasse gemäß § 264 Abs. 2 in Frage kommen, indem das Versicherungsamt nach Anhörung beteiligter Arbeitgeber und Versicherungspflichtiger das Bedürfnis für den Fortbestand der Landkrankenkasse verneint. Im übrigen darf nicht unbeachtet bleiben, daß der Bestand der Landkrankenkassen auch von anderer Seite erheblich gefährdet erscheint. Sowohl bei den landwirtschaftlichen Arbeitern, als auch bei den Dienstboten kann der Arbeitgeber die Befreiung von der Versicherungspflicht beantragen, wenn er leistungsfähig ist und sich den von ihm beschäftigten Personen gegenüber zur Gewährung aller Leistungen verpflichtet, welche die sonst zuständige Krankenkasse in Krankheitsfällen gewährt. Von dieser Befugnis wird in ländlichen Bezirken des Ostens in so zahlreichen Fällen voraussichtlich Gebrauch gemacht werden, daß für die Landkrankenkassen nichts oder keine brauchbaren Risiken übrig bleiben werden. Da ferner durch die Errichtung von Betriebskrankenkassen für landwirtschaftliche Betriebe den Landkrankenkassen zahlreiche Mitglieder entzogen werden, so erscheint es nicht ausgeschlossen, daß noch manche Landkrankenkasse verschwindet, indem sie mit der allgemeinen Ortskrankenkasse vereinigt wird.

Die Vorschrift des Gesetzes, daß überall allgemeine Ortskrankenkassen auch neben den Landkrankenkassen bestehen müssen, begegnete bei der Durchführung des Gesetzes in ländlichen Bezirken, namentlich des Ostens geringem Verständnis: Die Notwendigkeit, zwei Parallelkassen zu errichten, wurde störend und als überflüssig empfunden, zumal dadurch, wie schon hervorgehoben, die zweckmäßige Abgrenzung der Kassenbezirke vielfach verhindert wurde. Dieser Kritik kann allerdings die Berechtigung nicht ganz abgesprochen werden, denn selbst in den Kreisen, wo beide Kassenarten, sei es für den ganzen Kreis, sei es für Teile des Kreises, nebeneinander bestehen können, würde eine einzige Kasse im Bezirke weitaus leistungsfähiger sein, selbst wenn, wie in dem Erlasse vom 4. November 1912 Ziff. I 6 (HMBl. S. 539) empfohlen ist, die Sektionen übereinstimmend abgegrenzt, gemeinsame Melde- und Zahlstellen errichtet oder ein Kassenverband zwecks gemeinsamer Anstellung des Bureaupersonals gebildet werden sollte; denn die Verteilung des Risikos auf breitere Schultern würde die Leistungsfähigkeit der Kasse erheblich steigern, jedenfalls eine gleichmäßige Krankenfürsorge im ganzen Bezirke des Versicherungsamts gewährleisten.

In manchen Bezirken würde aus diesen Erwägungen heraus schon jetzt von der Errichtung einer Landkrankenkasse abgesehen worden sein, wenn nicht durch das Gesetz den Landkrankenkassen gewisse Arten von Leistungen vorbehalten wären, die für bestimmte Berufszweige geradezu unentbehrlich erscheinen. Dahin gehört in erster Linie die Befugnis, für die nicht der Gewerbeordnung unterliegenden Personen die Dauer des Wochengeldbezugs, die sonst acht Wochen beträgt, auf mindestens vier und höchstens sechs Wochen festzusetzen (§ 195 Abs. 2). Ferner ist dahin das Recht der Landkrankenkassen zu zählen, bei landwirtschaftlichen Arbeitern, Dienstboten und hausgewerblich Beschäftigten die erweiterte Krankenpflege, d. h. die grundsätzliche Gewährung von Krankenhauspflege an Stelle der Krankenpflege und des Krankengeldes, einzuführen (§§ 426 ff.). Wichtig erscheint endlich die Befugnis der Landkrankenkassen, Rentenempfängern kein Krankengeld und sonstige Barleistungen mit Ausnahme des Sterbegeldes zu gewähren (§ 423) und unter entsprechender Kürzung der Beiträge während des Winterhalbjahrs die Barleistungen zu ermäßigen. Darüber, welche Erwägungen ausschlaggebend gewesen sind, nur den Landkrankenkassen und nicht auch den allgemeinen Ortskrankenkassen diese Befugnisse zu geben, gibt nur die Begründung zu § 424 (§ 452 des Entwurfs) Auskunft, indem dort ausgeführt ist: „Es empfiehlt sich indessen, diese Vorschrift gleich der des vorangehenden Paragraphen auf Landkrankenkassen zu beschränken, die ohnehin mit Besonderheiten der Leistungen für ihre Mitglieder zu rechnen haben." Da durch diese Sondervorschriften vornehmlich die Verhältnisse der Landwirtschaft berücksichtigt werden sollen, so ist nicht recht zu verstehen, weshalb die in Ortskrankenkassen versicherte landwirtschaftliche Bevölkerung anders als die in Landkrankenkassen versicherte Landwirtschaft behandelt werden soll. Anscheinend ist die Regelung von der Vorstellung diktiert, daß die der Versicherungspflicht neu unterstellte **Landwirtschaft**, von Ausnahmen abgesehen, nur in **Landkrankenkassen** versichert sein werde. Das entspricht aber keineswegs den tatsächlichen Verhältnissen, wie sie sich bei der Durchführung der RVO. herausgestellt haben. Denn in mehr als einem Drittel der Versicherungsamtsbezirke in Preußen bestehen Landkrankenkassen nicht, während andere Bundesstaaten durch Landesgesetz die Errichtung von Landkrankenkassen ausgeschlossen haben. Ist hiernach die praktische Anwendbarkeit der Sondervorschriften für die Landwirtschaft auf ein geringes Maß zurückgeführt, so ist ihr Zweck in der Hauptsache verfehlt. Da es nach § 181 RVO. für die Bemessung der Barleistungen ganz gleichgültig ist, ob der gewerbliche Arbeiter in der Landkrankenkasse oder der landwirtschaftliche Arbeiter in der allgemeinen Ortskrankenkasse versichert ist, so ist für die unterschiedliche Behandlung der Landkrankenkasse hinsichtlich der Krankenhilfe in landwirtschaftlichen Betrieben kein durchschlagender Grund zu finden. Es wäre daher im Interesse einer zweckmäßigen Organisation der Krankenversicherung dringend zu wünschen, daß die bezeichneten Sondervorschriften auch für allgemeine Ortskrankenkassen Geltung gewinnen. Auch bei den Dienstboten liegt für die unterschiedliche Behandlung kein greifbarer Grund vor.

Neben den Landkrankenkassen hat auf die Zentralisation die Wahrnehmung mit eingewirkt, daß zahllose Krankenkassen entweder nach § 239 RVO. nicht zugelassen werden konnten oder zu Unrecht bestanden. Nach § 239 aaO. dürfen als besondere Ortskrankenkassen nur solche bestehenden Ortskrankenkassen zugelassen werden, die für einzelne oder mehrere Gewerbszweige oder Betriebsarten oder allein für Versicherte eines Geschlechts errichtet sind. Hier tritt gleich ein einschneidender Gegensatz zum Krankenversicherungsgesetz vom 15. Juni 1883 hervor, der für das Schicksal zahlreicher Krankenkassen verhängnisvoll werden mußte. Nach § 85 dieses Gesetzes unterlagen alle bestehenden Krankenkassen, in Ansehung deren nach den geltenden Vorschriften (Ortsstatuten usw.) für krankenversicherungspflichtige Personen eine Beitragspflicht begründet war, den Vorschriften des Gesetzes. Das hatte, wie in der Begründung näher ausgeführt wird, die Bedeutung, daß die Kassen als solche bestehen blieben und nur ihre Satzungen mit den Vorschriften des Gesetzes über die Kassenleistungen, Beiträge, Vertretung und Verwaltung in Einklang bringen mußten. Es war hiernach ganz unerheblich, daß die Kassen nicht für Gewerbszweige, oder Betriebsarten, sondern nur für Teile des Gewerbes, für besondere Personenkategorien usw. errichtet waren. Dadurch blieben Krankenkassen, bei denen der Beitrittszwang nur für Personen von einem bestimmten Lebensalter vorgeschrieben war, oder deren Mitgliederkreis sich auf Personen eines Geschlechts, auf Gesellen, Lehrlinge, auf Teile eines Gemeindebezirkes usw. beschränkte, als vollwertige Krankenkassen im Sinne des Krankenversicherungsgesetzes erhalten. Ihr Mitgliederkreis ist bis auf den heutigen Tag unberührt geblieben, sie durften ihren Mitgliederkreis weder erweitern noch beschränken. Die RVO. nimmt gegenüber diesen Überbleibseln aus alter Zeit einen ganz anderen Standpunkt ein. Nach ihr sollen alle diese Kassen nicht weiterbestehen, sofern sie nicht für Gewerbszweige oder Betriebsarten oder für Personen eines Geschlechts errichtet sind, weil sie die Durchführung der Krankenversicherung in empfindlichster Weise gestört haben. In der Begründung (S. 170) wird darüber ausgeführt:

„Krankenkassen, die vor dem Krankenversicherungsgesetze von 1883 errichtet waren und durch dieses zu Ortskrankenkassen wurden, behielten ihren Mitgliederkreis bei. Daher bestehen abweichend von § 16 jenes Gesetzes Ortskrankenkassen für Gesellen, für Lehrlinge, für weibliche Personen u. a. m. Ein Bedürfnis, diese Kassen unter den sonst vorgesehenen Voraussetzungen fortbestehen zu lassen, ist nur bei Kassen für weibliche Personen anerkannt worden, zumal auch die Morbidität beider Geschlechter nicht unerheblich voneinander abweicht."

Die Zahl der hiernach beseitigten Krankenkassen ist merkwürdiger Weise in Preußen nicht groß, obwohl die Zahl der „bestehenden Kassen" nicht unerheblich gewesen ist. Das hat seinen Grund darin, daß viele bestehende Krankenkassen ihren Mitgliederkreis geändert haben, so daß sie, wie unten noch ausgeführt werden wird, nicht zu Recht bestehen. Entgegen den Ausführungen in der Begründung können nach dem Wortlaut des Gesetzes auch Kassen ausschließlich für männliche Personen zugelassen werden. In Preußen gibt es aber solche bestehenden Kassen nicht, da alle Kassen, welche vor dem Inkrafttreten des Gesetzes nur für männliche Personen bestanden, ihren Mitgliederkreis auf alle in dem betreffenden Gewerbszweige beschäftigten Personen ausgedehnt haben. Allerdings haben sie trotz dieser satzungsmäßigen Erweiterung des Mitgliederkreises nur männliche Personen aufgenommen und die weiblichen Personen als schlechtere Risiken freundlichst anderen Krankenkassen überlassen. Die Forderung, jetzt als Krankenkasse für Personen eines Geschlechts angesprochen zu werden, konnte selbstredend nicht als berechtigt angesehen werden, da lediglich die Bestimmung der Satzung maßgebend ist. Die in Preußen bestehenden Kassen für Angehörige eines Geschlechts sind entweder erst nach dem Inkrafttreten des Krankenversicherungsgesetzes errichtet oder haben ihren Mitgliederkreis auf ein Geschlecht nachträglich beschränkt. Da alle diese Kassen nicht zu Recht bestehen, so sind sie nicht zugelassen worden. Die Folge davon ist, daß es Kassen für Personen eines Geschlechts nach dem 1. Januar 1914 in Preußen nicht mehr gibt.

Im Laufe des Verfahrens bei Zulassung bestehender Krankenkassen ist auch die Frage aufgeworfen worden, ob Ortskrankenkassen, die alle Gewerbszweige umfassen, als besondere Ortskrankenkassen zugelassen werden. Die Frage ist in Preußen von Anfang an bejaht worden aus der Erwägung heraus, daß zu den

„mehreren" Gewerbszweigen im Sinne des § 239 RVO. auch alle Gewerbszweige gehören. Tatsächlich sind aber solche Kassen, soweit sie nicht ausgestaltet worden sind, als besondere Ortskrankenkassen nicht zugelassen worden, weil sie den neu errichteten allgemeinen Ortskrankenkassen alle Mitglieder würden entzogen haben, so daß, abgesehen von den der Versicherungspflicht neu unterstellten Personen, die in der Regel auch noch von den Landkrankenkassen für sich beansprucht werden, versicherungspflichtige Personen für die allgemeine Ortskrankenkasse nicht mehr übrig blieben. Das gilt sowohl für Ortskrankenkassen, deren Bezirk sich mit dem Bezirke der allgemeinen Ortskrankenkasse vollständig deckt, als auch für Ortskrankenkassen, die nur für einen Teil des Bezirkes der neuen allgemeinen Ortskrankenkasse bestehen. Denn es muß die allgemeine Ortskrankenkasse in allen Teilen ihres Bezirkes gleichmäßig leistungsfähig sein, sonst würde auch der Beschluß des für die Errichtung von allgemeinen Ortskrankenkassen und von Landkrankenkassen verantwortlichen Gemeindeverbandes zum guten Teile wieder aufgehoben werden. Im engen Zusammenhange hiermit steht die Frage, wie weit Ortskrankenkassen, die für Gewerbszweige und Betriebsarten bestehen, zugelassen werden dürfen. In dem grundlegenden Erlasse vom 4. November 1912 (HMBl. S. 539) sind solche Kassen als nicht zu Recht bestehend bezeichnet worden; es kann auch nicht dem geringsten Zweifel unterliegen, daß das Krankenversicherungsgesetz mit Absicht und voller Überlegung zwischen Ortskrankenkassen für Gewerbszweige und Ortskrankenkassen für Betriebsarten unterschieden wissen will, und zwar aus dem einfachen Grunde, weil eine Organisation von Krankenkassen nach Betriebsarten und Gewerbszweigen innerhalb desselben Kassenbezirkes unmöglich ist und die klare Abgrenzung der Mitgliederkreise in Frage stellt. Die praktischen Erfahrungen haben denn auch gelehrt, daß jedesmal ein Widerspruch zwischen den Satzungen der beteiligten Krankenkassen bestand, der eine Entscheidung über die Kassenzugehörigkeit auf Grund des § 57 b KVG. ausschloß. Selbstredend kann die Unzulässigkeit einer solchen Ortskrankenkasse nicht angenommen werden, wenn es sich um eine gemeinsame Ortskrankenkasse handelt, die in ihrem Bezirk alle nach dem Krankenversicherungsgesetz dem Versicherungszwang unterliegenden Personen umfaßt. Denn es liegt auf der Hand, daß eine Ortskrankenkasse, die alle Gewerbszweige umfaßt, damit auch alle Betriebsarten von selbst umfassen muß. Übrigens ist aber auch der Bestand von Ortskrankenkassen für Betriebsarten und Gewerbszweige nur dann nicht in Frage gezogen worden, wenn durch die Ausgestaltung der Mangel geheilt wurde; vgl. Erlaß vom 4. November 1912 Ziff. III 3. Wenn Hahn in der Arbeiter-Versorgung Bd. 30 S. 434 der Meinung Ausdruck gibt, daß unter dem Worte: „Fabrikation" keine Betriebsart, sondern nur die Herstellung zu verstehen sei, so hat er zweifellos im allgemeinen recht; unrichtig ist seine Ansicht aber in den Fällen, wo neben der Ortskrankenkasse für die Fabrikation von Gegenständen eine andere Ortskrankenkasse für die handwerksmäßige Herstellung derselben Gegenstände besteht. Daß es sich in diesem Falle um die Fabrikation im eigentlichen Sinne, nämlich um die fabrikmäßige Herstellung handelt, unterliegt keinem Zweifel. Die Beurteilung der rechtmäßigen Verfassung einer Ortskrankenkasse ist eben vielfach nicht ohne Berücksichtigung der Gesamtorganisation der Krankenversicherung im örtlichen Bezirke möglich. Von diesen Erwägungen abweichende Entscheidungen der obersten Verwaltungsbehörde in Preußen liegen jedenfalls nicht vor; auf die Auffassung der obersten Verwaltungsbehörde kommt es aber an, nicht auf die Ansicht eines beliebigen Oberversicherungsamts.

Erschreckend groß ist aber die Zahl der Ortskrankenkassen, die in Preußen zu Unrecht bestehen, weil sie entweder nach dem Krankenversicherungsgesetz nicht errichtet werden durften, oder weil sie als bestehende Krankenkassen Änderungen ihres Mitgliederkreises vorgenommen haben. So sind unter der Geltung des Krankenversicherungsgesetzes Ortskrankenkassen für männliche Personen oder für weibliche Personen allein errichtet worden, ebenso Ortskrankenkassen für Teile eines Gemeindebezirkes, obwohl das Krankenversicherungsgesetz eine solche Abgrenzung des örtlichen Bezirks nicht kennt; vgl. Entsch. des preuß. OVG. vom 24. Oktober 1901 (Bd. 40 S. 338). Auch Ortskrankenkassen für Handlungsgehilfen und -Lehrlinge bestehen nicht zu Recht, da sie nur für Teile eines Gewerbszweigs, nämlich für bestimmte Kategorien der im Handelsgewerbe beschäftigten Personen, errichtet sind; vgl. Entsch. des OVG. vom 4. Februar 1897 (Bd. 31 S. 327), Erl. des Ministers für Handel und Gewerbe vom 8. November 1894 (Arb.-Vers. 1894 S. 641) und vom 12. April 1897 (MBl. d. inn. Verw. S. 99). Zu Unrecht bestehen auch alle die Krankenkassen, welche vor dem Inkrafttreten des Krankenversicherungsgesetzes vom 15. Juni 1883 bereits bestanden und als Krankenkassen im Sinne dieses Gesetzes nach § 85 aaO. bestehen bleiben konnten, wenn sie ihren Mitgliederkreis geändert haben. Wie in ständiger Rechtsprechung gleichmäßig ausgesprochen worden ist, vgl. Entsch. des OVG. vom 7. Februar 1900 (Arb.-Vers. 1900 S. 333), vom 27. März 1901 (Arb.-Vers. 1901 S. 444) und vom 26. Februar 1903 (Arb.-Vers. 1903 S. 489), konnten diese Kassen nicht nur bestehen bleiben, wenn ihr Mitgliederkreis den Vorschriften des § 16 des Krankenversicherungsgesetzes — Abgrenzung nach Gewerbszweigen oder Betriebsarten — nicht entsprach, sondern sie mußten auch diesen abweichenden Mitgliederkreis unverändert beibehalten, wenn sie weiter bestehen wollten. Dabei machte es keinen Unterschied, ob diese Änderungen freiwillig oder auf Grund behördlicher Anordnung vorgenommen wurden. Fast alle vor 1883 vorhandenen Krankenkassen sind als Ortskrankenkassen übernommen worden, ein großer Teil von ihnen hat aber den Mitgliederkreis entweder durch Aufnahme neuer Gewerbszweige oder durch Ausdehnung des Beitrittszwanges auf weitere Personen, die in den der Kasse angehörenden Gewerbszweigen beschäftigt waren, erweitert. So haben z. B. Kassen, die nur für Gesellen bestanden, alle in dem Gewerbebetriebe beschäftigten Personen als Zwangsmitglieder in Anspruch genommen.

Alle diese Ungesetzlichkeiten sind weder durch Zeitablauf noch durch die behördliche Genehmigung der Satzungen rechtmäßig geworden; vgl. Entsch. des OVG. vom 4. Februar 1897 (Bd. 31 S. 330). Sie sind aber auch nicht erst jetzt erkannt oder erst jetzt zum ersten Male zum Gegenstand von Erwägungen und Maßnahmen der Verwaltungsbehörden gemacht worden. Der Minister für Handel und Gewerbe hat in ständiger Praxis auf diese Willkürlichkeiten hingewiesen und auf die Abstellung der Mängel in den Satzungen oder auf die Beseitigung der Kassen selbst hingewirkt. Gelegenheit dazu bot der § 57 b des Krankenversicherungsgesetzes, der die Entscheidung von Streitigkeiten zwischen zwei Krankenkassen über die Zugehörigkeit eines Betriebs regelt und durch die Novelle vom 10. August 1892 in das Gesetz eingefügt worden ist, weil vielfach solche Streitigkeiten vorkamen. In der Tat hat seit jener Zeit die Vorschrift in der Praxis eine große Rolle gespielt, in erster Linie aber die Erkenntnis von dem unbeschreiblichen Kassendurcheinander gezeitigt, das durch das Fortbestehen der vorgesetzlichen Kassen in Verbindung mit der Errichtung unzulässiger Kassen entstanden ist und mit der fortschreitenden Erweiterung des Versicherungszwanges zu einer wahren Unzuträglichkeit ausgewachsen ist. Zahllos sind die Fälle, wo das Verfahren auf Grund des § 57 b nicht durchgeführt werden konnte, weil zunächst Ordnung in die sich widersprechenden Satzungen gebracht werden mußte. Zu dem Zwecke mußte auf Grund des § 48 a des Krankenversicherungsgesetzes die Änderung der Satzung der jüngeren Krankenkasse angeordnet und nötigenfalls zwangsweise herbeigeführt werden. Nicht selten haben sich dann die streitenden Kassen vertragen und dadurch die Streitigkeit beseitigt unter dem Einfluß der Erkenntnis, daß die seit mehr als einem Jahrzehnt als notwendig bezeichnete und geforderte Reform der Krankenversicherung endlich einmal kommen werde. Kann es nach diesen Erfahrungen noch auffallen, daß bei der jetzt gebotenen Gelegenheit die Versicherungsbehörden und die oberste Verwaltungsbehörde mit allem Nachdruck auf eine gründliche Beseitigung der veralteten Kassen und auf die Herstellung einer klaren durchsichtigen Organisation hingearbeitet haben? Eine einfache und übersichtliche Gruppierung der Träger der Krankenversicherung liegt im greifbaren Interesse der Versicherten und auch der Arbeitgeber, die durch die Unsicherheit der Kassenzugehörigkeit Unannehmlichkeiten und Strafen ausgesetzt sind, unter Umständen auch für alle Aufwendungen aufkommen mußten, die eine Krankenkasse für einen ihr angehörenden, aber nicht bei ihr angemeldeten Versicherten gemacht hatte. Demgegenüber konnte über den Widerstand, den die Vorsitzenden und Geschäftsführer der Krankenkassen den Maßnahmen der Behörden entgegensetzen zu müssen glaubten, hinweggegangen werden. Alle grundsätzlichen Anordnungen, die für die Zulassung bestehender Ortskrankenkassen namentlich in dem vielbesprochenen Erlasse vom 4. November 1912 (HMBl. S. 539) enthalten sind, sind nichts weiter als eine Zusammenfassung der Gesichtspunkte, die sich in früheren zahlreichen Erlassen zerstreut finden und bei Beantwortung der Frage nach dem rechtswidrigen Bestand einer Krankenkasse gleichmäßig und von jeher angewendet worden sind.

Die Anträge der bestehenden Ortskrankenkassen auf Zulassung als besondere Ortskrankenkassen mußten vielfach abgelehnt werden, weil die vorgeschriebenen Förmlichkeiten nicht erfüllt waren. Da diese Förmlichkeiten höchst einfacher Natur sind, so geben die zahlreichen Verstöße einen beachtenswerten Beweis von der mangelhaften Geschäftsführung kleiner Krankenkassen. Obwohl das Statut die gerichtliche und außergerichtliche Vertretung der Kasse dahin regelte, daß schriftliche Willenserklärungen vom Vorsitzenden und Schriftführer zu unterschreiben seien, so waren die Anträge auf Zulassung wiederholt nur vom Vorsitzenden allein oder vom Schriftführer allein unterschrieben. Auch der Forderung des Gesetzes, daß die Ortskrankenkasse den Antrag nur stellen kann, wenn er von der Generalversammlung mit Stimmenmehrheit beschlossen sei, war in vielen Fällen nicht entsprochen. Der Versuch, diesen Mangel dadurch zu heilen, daß die Generalversammlung dem Antrag des Vorstandes nach dem 1. Januar 1913 nachträglich zustimmte, konnte keinen Erfolg haben. Ortskrankenkassen, die nur ihre Ausgestaltung, nicht auch ihre Zulassung als besondere Ortskrankenkasse beantragt hatten, waren nicht zuzulassen, wenn infolge Errichtung einer allgemeinen Ortskrankenkasse für ihren Bezirk durch die Vertretung des Gemeindeverbandes die Ausgestaltung gegenstandslos geworden war. Bei dieser Gelegenheit wurde fortgesetzt verkannt, daß die Beschlüsse der Vertretung des Gemeindeverbandes über die Errichtung einer allgemeinen Ortskrankenkasse oder einer Landkrankenkasse keiner Genehmigung bedürfen und überhaupt nicht beseitigt werden können, sofern es sich nicht um die Anwendung des § 231 Abs. 2 RVO. handelt, also wenn ein größerer Gemeindeverband einen von dem Beschlusse des kleineren Gemeindeverbandes abweichenden Beschluß gefaßt hat. Unzutreffend war es auch, wenn das Oberversicherungsamt in den Fällen, wo die Vertretung des Gemeindeverbandes die Errichtung einer allgemeinen Ortskrankenkasse beschlossen hatte, über den Antrag noch Beschluß faßte und die Ablehnung des Antrags durch instanziellen Bescheid aussprach. Wurde in solchen Fällen Beschwerde erhoben, so wurde der Bescheid aufgehoben und dem Beschwerdeführer eröffnet, daß sein Antrag auf Ausgestaltung, nachdem der Gemeindeverband eine allgemeine Ortskrankenkasse errichtet habe, gegenstandslos geworden sei und daß gegen diese sich von selbst ergebende

Tatsache eine Beschwerde nicht möglich sei. Auffallend groß ist auch die Zahl der Krankenkassen, die versäumt haben, eine mit den Vorschriften der RVO. in Einklang gebrachte Satzung gemäß Art. 21 EG. z. RVO. in Verbindung mit der Verordnung vom 5. Juli 1912 (RGBl. S. 439) bis zum 30. Juni 1913 dem Versicherungsamt einzureichen. Dabei machte es einen sonderbaren Eindruck, wenn sich ein Versicherungsamt für befugt hielt, den durch die Verordnung festgesetzten Zeitpunkt eigenmächtig hinauszuschieben und der Kasse die Einreichung der Satzung zu einem späteren Termine zu gestatten. Selbstredend mußten alle diese Kassen wegen verspäteter Einreichung der Satzung geschlossen werden. Ebenso unzulässig war es, Krankenkassen, die tatsächlich bis zu dem vorgeschriebenen Zeitpunkt einen ordnungsmäßig abgeänderten Satzungsentwurf vorgelegt hatten, nachträglich zu schließen, weil die Genehmigung der Satzung nicht angängig erschien. Nachdem es durch Erlaß des Ministers für Handel und Gewerbe vom 13. März 1913 (HMBl. S. 135) für ausreichend bezeichnet worden ist, daß die Kasse überhaupt einen Satzungsentwurf einreicht, darf eine Kasse nach Lage der Gesetzgebung wegen nicht genehmigter Satzung überhaupt nicht mehr geschlossen werden.

Nach Art. 20 EG. z. RVO. steht den Beteiligten binnen einem Monat gegen die Entscheidung des Oberversicherungsamts über die Zulassung die Beschwerde an die oberste Verwaltungsbehörde zu. In zahlreichen Fällen ist gegen diese Vorschrift insofern verstoßen, als die Beschwerde beim Reichsversicherungsamt oder beim Reichsamt des Innern oder beim Minister des Innern eingelegt wurde. Es entstand infolgedessen die Frage, ob durch die Einlegung der Beschwerde bei der unzuständigen Stelle die Frist als gewahrt angesehen werden konnte, mit anderen Worten, ob die Vorschrift des § 129 RVO. auch für den Bereich des EG. z. RVO. Geltung habe. Diese Frage hätte nach den Verhandlungen im Reichstag eigentlich verneint werden müssen. Gelegentlich der Beratung des Art. 20 EG. z. RVO. wurden nämlich die Worte: „binnen einem Monat" von der Reichstagskommission aufgenommen, nachdem von einem Regierungsvertreter darauf aufmerksam gemacht worden war, „daß es mindestens zweifelhaft sei, ob die Vorschriften der RVO. über die Rechtsmittelfristen ohne weiteres auch für die im Entwurfe des EG. z. RVO. vorgesehenen Rechtsmittel gelten; der Art. 6, der sich nur auf die zur Zeit des Inkrafttretens der RVO. laufenden Fristen beziehe, komme für diese Frage nicht in Betracht. Um jeden infolgedessen möglichen Zweifel über die Frist, innerhalb deren die in Satz 2 vorgesehene Beschwerde zulässig sei, zu beseitigen, empfehle es sich daher, in Satz 2 die Beschwerdefrist ausdrücklich auszusprechen und in Satz 2 hinter den Worten „steht den Beteiligten" einzufügen „binnen einem Monat". Die gleiche Ergänzung sei dann entsprechend in den Art. 31 und 32 (Art. 35 und 36) einzufügen" (Komm.B. z. RVO. 2. Teil S. 19).

Wenn hiernach die Vorschrift des § 128 Abs. 1, wonach Rechtsmittel, soweit das Gesetz nichts anderes bestimmt, binnen einem Monat einzulegen sind, nicht ohne weiteres für anwendbar gehalten worden ist, so wäre es auch nötig gewesen, die übrigen Vorschriften der RVO. über Fristen, insbesondere auch die Vorschrift des § 129, durch eine entsprechende Vorschrift im EG. z. RVO. zu ersetzen. Trotz der hiernach gegen die rechtzeitige Einlegung der Beschwerde bestehenden Bedenken sind alle bei einer unzuständigen Behörde eingelegten Beschwerden als rechtzeitig behandelt worden.

Endlich war noch die Frage zu prüfen, ob Anträge auf Zulassung als besondere Ortskrankenkasse auch dann als ordnungsmäßig angesehen werden können, wenn diese Kasse den Antrag entgegen der Vorschrift des Art. 17 EG. z. RVO. nicht „bei ihrem Versicherungsamt", sondern geraume Zeit vor Einrichtung der Versicherungsbehörden bei ihrer Aufsichtsbehörde im Sinne des Krankenversicherungsgesetzes gestellt hatte. Für die Bejahung der Frage wurde auf den Art. 7 EG. z. RVO. Bezug genommen, wonach für die Wahrnehmung der Verwaltungsaufgaben der Versicherungsämter die von der obersten Verwaltungsbehörde bestimmten Behörden zuständig sind, sobald vor Errichtung der Versicherungsämter Vorschriften der RVO. in Kraft treten. Dabei wurde jedoch übersehen, daß sich der Art. 7 nur auf das Inkrafttreten der Vorschriften der RVO. selbst bezieht. Diese regelt aber nur die materiellen Voraussetzungen für die Zulassung der Krankenkasse, während der Art. 17 die formalen Voraussetzungen der Zulassung regelt. Da der Art. 7 im Eingang selbst zwischen der RVO. („jene Vorschriften") und dem EG. z. RVO. („dieses Gesetzes") unterscheidet, so kann unter der Bezeichnung „Reichsversicherungsordnung" das EG. z. RVO. nicht mit verstanden werden.

Wesentlich einfacher gestaltete sich die Zulassung der Betriebskrankenkassen und der Innungskrankenkassen. Da nach der Auffassung des Reichskanzlers die Gleichwertigkeit der Leistungen erst zum 1. Juli 1915 hergestellt sein muß — vgl. Erlaß vom 16. Aug. 1913 (HMBl. S. 540) —, so beschränkte sich bei den Betriebskrankenkassen die Prüfung auf die Feststellung des Durchschnitts der Mitgliederzahl während der letzten drei Jahre. Im Hinblick auf die Nachschußpflicht des Betriebsunternehmers konnte die Frage nach der Leistungsfähigkeit der Kasse gleichfalls ausscheiden. Die Innungskrankenkassen sind fast ohne Ausnahme zugelassen worden, sofern nicht aus der geringen Mitgliederzahl oder der ungünstigen Vermögenslage die dauernde Leistungsfähigkeit als nicht gesichert angesehen werden mußte. Dabei war jedoch zu berücksichtigen, daß auch die Innung im Falle der Insolvenz der Innungskrankenkasse zu Zuschüssen verpflichtet ist. Bei diesen beiden Kassenarten werden erst einschneidende Änderungen in die Erscheinung treten, wenn die Verpflichtung zur Gewährung gleichwertiger Leistungen in Kraft getreten ist. Übrigens tritt das Bestreben, neue Betriebs-

oder Innungskrankenkassen zu errichten, überall deutlich in die Erscheinung.

Die Ersatzkassen werden bei der Durchführung der Krankenversicherung in Preußen keine Rolle mehr spielen, nachdem es grundsätzlich abgelehnt worden ist, von der der obersten Verwaltungsbehörde im § 563 Abs. 2 übertragenen Befugnis, die Mitgliederzahl von 1000 auf 250 herabzusetzen, Gebrauch zu machen; vgl. Erlaß des Ministers für Handel und Gewerbe vom 21. November 1911 (HMBl. S. 418). In Frage kommen hauptsächlich Ersatzkassen, deren Bezirk sich über das Gebiet eines Bundesstaats hinauserstreckt; doch wird auch hier die Zahl wegen der durch die RVO. verursachten Erhöhung und Erschwerung der Leistungen voraussichtlich erheblich zurückgehen. Die Hilfskassen (privaten Versicherungsunternehmungen), die als Ersatzkassen zugelassen werden wollen, müssen nach Art. 25 EG. z. RVO. sechs Monate vor dem Tage, an dem die Bescheinigungen aus § 75a KVG. ihre Gültigkeit verlieren, also bis zum 1. Januar 1914 — vgl. VO. vom 5. Juli 1912 (RGBl. S. 439) —, den Antrag auf Zulassung als Ersatzkasse stellen. Die Vorlage einer entsprechend geänderten Satzung kann später erfolgen; Erlaß des Ministers für Handel und Gewerbe vom 3. Oktober 1913 (HMBl. S. 581). Zu den Regelleistungen der Krankenkassen, welche die Ersatzkassen gewähren müssen (§ 507 RVO.), gehören auch die im § 214 RVO. bezeichneten Leistungen, also die Verpflichtung zur Gewährung der Krankenhilfe in Krankheitsfällen, die innerhalb drei Wochen nach dem Ausscheiden aus der Ersatzkasse wegen Erwerbslosigkeit eintreten; auch müssen die Kassen, ehe ihre Zulassung als Ersatzkasse ausgesprochen werden darf, eine vom Versicherungsamte genehmigte Krankenordnung vorlegen; Erlaß des Ministers für Handel und Gewerbe vom 25. August 1913 (HMBl. S. 552).

Ein gewaltiges Stück Arbeit ist mit der Organisation der Krankenversicherung nach der RVO., die im wesentlichen als abgeschlossen angesehen werden kann, von den Versicherungsbehörden und von der obersten Verwaltungsbehörde in Preußen geleistet worden. Die zahlreichen Schwierigkeiten waren um so schwerer zu überwinden, als die zur Anwendung gelangenden Vorschriften überaus lückenhaft sind und auf manche wichtige Frage die Antwort schuldig bleiben. Das gilt insbesondere hinsichtlich der Ausgestaltung bestehender gemeinsamer Ortskrankenkassen zu allgemeinen Ortskrankenkassen, eine Maßnahme, die, so selbstverständlich und einwandfrei sie auf den ersten Blick erscheinen mag, nach den in Preußen gemachten Erfahrungen wegen der hervorgetretenen Schwierigkeiten und Zweifelsfragen als zweckmäßig nicht bezeichnet werden kann. In anderen Bundesstaaten, wo es schon jetzt vorwiegend oder ausschließlich gemeinsame Ortskrankenkassen für alle in einem größeren oder kleineren Bezirke beschäftigten Personen gibt, werden bei der Ausgestaltung Zweifelsfragen und Unzuträglichkeiten kaum hervorgetreten sein. Die auszugestaltende Kasse war da von selbst gegeben. Anders in Preußen, wo bei dem Kassenwirrwarr in einem Bezirk unter Umständen für die Ausgestaltung zahlreiche Krankenkassen in Konkurrenz traten und wo unter Umständen andere als rein sachliche Gesichtspunkte für die Frage nach der Ausgestaltung ausschlaggebend sein mußten. Bei der Durchführung der Organisation war in wichtigen Fragen dem Ermessen der Versicherungsbehörden und der obersten Verwaltungsbehörden der weiteste Spielraum gelassen. Da das Gesetz trotz der Beibehaltung der besonderen Ortskrankenkassen sowie des Fortbestandes der Betriebs- und Innungskrankenkassen als erstes Prinzip die Schaffung leistungsfähiger allgemeiner Ortskrankenkassen vorsieht, so konnte das Ermessen nur zugunsten der allgemeinen Ortskrankenkassen betätigt werden. Sie sind, nachdem sich das jetzige System des Krankenversicherungsgesetzes, die Kassenzersplitterung nach Gewerbszweigen und Betriebsarten, überlebt hat, die Kassenart der Zukunft. Die allgemeinen Ortskrankenkassen haben sich in den wenigen Fällen, wo sie zurzeit bestehen, sowohl für eine einfache Durchführung der Versicherung als zweckmäßig, als auch für die Versicherten als höchst vorteilhaft erwiesen. Ihre größere Verbreitung wird dazu dienen, ihre Vorzüge und ihre Zweckmäßigkeit weiteren Kreisen vor Augen zu führen, sowie die Leistungsfähigkeit der Krankenversicherung selbst in erheblichem Maße zu erhöhen. Und so wird trotz aller Anfeindungen und abfälliger Kritik ein nützliches Werk geschaffen sein, vorausgesetzt, daß es gelingt, für eine objektive Verwaltung der Krankenkasse die nötige Gewähr zu schaffen.

Zahlenmäßig lassen sich die durch die RVO. auf dem Gebiete der Organisation der Krankenkassen herbeigeführten Änderungen wie folgt zusammenfassen: Nach dem Krankenversicherungsgesetze bestanden zuletzt im ganzen 10 241 Träger der Krankenversicherung, davon waren 2038 Gemeindekrankenversicherungen, 3046 Ortskrankenkassen, 4526 Betriebskrankenkassen und 631 Innungskrankenkassen. Am 1. Januar 1914 werden 42,7 vom Hundert weniger Träger der Krankenversicherung, nämlich 5867 Träger der Krankenversicherung, vorhanden sein, und zwar 1324 allgemeine Ortskrankenkassen, von denen 491 neu errichtet und 823 aus bestehenden Ortskrankenkassen ausgestaltet wurden. Besondere Ortskrankenkassen sind 260 vorhanden, während die Zahl der Betriebskrankenkassen 3243 und die Zahl der Innungskrankenkassen 630 beträgt. Die Mitgliederzahl der einzelnen Kassen ist nicht angegeben, da sie nur schätzungsweise zu ermitteln ist.

---

2. Die Organisation in Bayern.
Von Ministerialrat Metz, München.

I.

1. In Bayern ist bereits durch die Art. 11 und 20 (nun 12 und 21) des Armengesetzes vom 29. April

1869 eine für die damaligen Verhältnisse vorbildliche Krankenversicherung eingeführt worden. Art. 11 bestimmte, daß, wenn Dienstboten, Gewerbegehilfen, Lehrlinge, Fabrik- oder andere Lohnarbeiter, welche außerhalb ihrer Heimat im Dienste oder in einer ständigen Arbeit stehen, wegen Erkrankung der Hilfe bedürfen, diese bis zur Dauer von 90 Tagen von jener Gemeinde zu gewähren ist, in welcher sie zur Zeit der Erkrankung im Dienste oder in Arbeit stehen. Art. 21 gab dafür den Gemeinden das Recht, von den vorbezeichneten Personen, solange sie im Gemeindebezirke dienten oder arbeiteten, einen regelmäßigen Krankenkassenbeitrag (bis zu 15 Pf. wöchentlich) zu erheben; ferner durfte die Gemeindeverwaltung auch in der Gemeinde heimatberechtigte Personen der gedachten Art, die im Gemeindebezirke dienten oder arbeiteten und weder eigenen Haushalt hatten noch bei ihren Eltern wohnten, zur Bezahlung des erwähnten Beitrags anhalten. Die zur Leistung solcher Beiträge verpflichteten Personen erwarben, sobald der Eintritt in das Dienst- oder Arbeitsverhältnis bei der Gemeindebehörde ordnungsmäßig angezeigt war, ohne Rücksicht auf ihre Vermögenslage ein Recht auf Gewährung der erforderlichen Krankenpflege, ärztlichen Hilfe und Heilmittel für 90 Tage.

Tatsächlich machte mehr als die Hälfte der bayerischen Gemeinden von dieser Versicherungsmöglichkeit Gebrauch. Die Einrichtung hat sich auch in der Praxis so gut bewährt, daß sie bei Einführung des KVG. durch Art. 1 des bayerischen Ausführungsgesetzes mit den erforderlichen Änderungen zur Grundlage der Gemeindekrankenversicherung genommen wurde. Auch das Ausführungsgesetz von 1892 behielt sie als solche bei. Zugleich gaben die beiden Ausführungsgesetze die Möglichkeit, die Gemeindekrankenversicherung über den Rahmen der §§ 1 und 2 des KVG. hinaus durch statutarische Bestimmung auf sämtliche in Art. 11 des Armengesetzes bezeichnete Personen auszudehnen. Auch hiervon wurde weitgehender Gebrauch gemacht, indem bis zum Jahre 1912 die Krankenversicherung nicht nur von insgesamt 41,1% der Gemeinden auf landwirtschaftliche Arbeiter, von 41,5% der Gemeinden auf forstwirtschaftliche Arbeiter und von 5,7% der Gemeinden auf die Hausgewerbtreibenden, sondern auch von 33,8% der Gemeinden auf die Dienstboten ausgedehnt wurde. Außerdem wurde die Durchführung der Versicherung auch noch dadurch erleichtert, daß die Bildung distriktiver Krankenhausverbände wie auch distriktiver Krankenversicherungsverbände ermöglicht wurde. Solche Verbände bestanden im Jahre 1912 insgesamt 153.

Die dargelegte geschichtliche Entwicklung läßt es erklärlich erscheinen, daß in Bayern die Gemeindekrankenversicherung bis zum Inkrafttreten des 2. Buches der RVO. die herrschende Form der Krankenversicherung blieb und Orts-KKn. nur in einzelnen Gemeinden mit vorwiegend industrieller Bevölkerung gebildet wurden.

Im Jahre 1912 bestanden in Bayern:
3803 Gemeindekrankenversicherungen
   mit 647856 Mitgliedern,
  75 Orts-KKn.
   mit 275274 Mitgliedern,
 718 Betriebs-KKn.
   mit 293318 Mitgliedern,
   3 Bau-KKn.
   mit 96 Mitgliedern,
  28 Innungs-KKn.
   mit 17384 Mitgliedern,
   3 landesrechtliche Hilfskassen
   mit 317 Mitgliedern.

Es gehörten demnach 52,5% aller Versicherten zur Gemeindekrankenversicherung und nur 22,3% zu Orts-KKn. Von den 75 Orts-KKn. trafen 29 auf die Pfalz, während die 4 Regierungsbezirke Oberbayern, Niederbayern, Oberpfalz und Unterfranken zusammen nur 9 Orts-KKn. aufwiesen. Im Durchschnitt trafen

auf eine Gemeindekrankenversicherung 170 Versicherte,
„   „   Orts-KK.   3670 Versicherte,
„   „   Betriebs-KK.   408 Versicherte,
„   „   Innungs-KK.   621 Versicherte.

2. Für die Organisation der neuen allgemeinen KKn. bestand hiernach eine tatsächliche Grundlage nur da, wo entweder eine bestehende Orts-KK. zur allgemeinen Orts-KK. ausgestaltet werden konnte, was in 22 Fällen möglich war, oder wo bereits ein distriktiver Krankenversicherungsverband bestand. Im übrigen mußten die neuen allgemeinen Kassen erst vollständig neu geschaffen werden.

Bei der Gestaltung der allgemeinen KKn. war vor allem das Bestreben maßgebend, möglichst leistungsfähige Kassen zu gewinnen. Diesem Bestreben standen jedoch mehrfache Schwierigkeiten entgegen.

Zunächst war es bei der großen Verschiedenartigkeit der wirtschaftlichen Verhältnisse in den verschiedenen Gebieten des Königreichs nicht möglich, die Errichtung von Land-KKn. allgemein landesgesetzlich auszuschließen. Namentlich erschien es geboten, den ärmeren Bezirken mit vorwiegend landwirtschaftlicher Bevölkerung, in denen die Krankenversicherung der landwirtschaftlichen Arbeiter und Dienstboten bisher noch keinen rechten Eingang gefunden hatte, den Übergang in die neuen Verhältnisse zu erleichtern. Eine solche Erleichterung durch die Bildung von Land-KKn. wurde namentlich deshalb für möglich gehalten, weil die Statistik eine wesentlich geringere Erkrankungshäufigkeit der ländlichen Bevölkerung ergab. Es wurde daher nur in den kreisunmittelbaren Städten mit mehr als 15000 Einwohnern die Errichtung von Land-KKn. untersagt. Im übrigen nahm das Ministerium des Innern Veranlassung, in einer Ministerialentschließung vom 7. November 1912 (MABl. S. 1185—1205) die Unterschiede zwischen den allgemeinen Orts-KKn. und Land-KKn. sowie die Gründe, die für und gegen die Errichtung von

Land-KKn. sprechen, eingehend darzulegen und diese Entschließung auch den zur Beschlußfassung berufenen Vertretern der Gemeindeverbände bekanntgeben zu lassen.

Ein weiterer Grund, aus dem die durchschnittliche Mitgliederzahl der allgemeinen Orts-KKn. in Bayern voraussichtlich wesentlich kleiner sein wird als in den anderen größeren Bundesstaaten, liegt in dem geringeren Umfang der bayerischen unteren Verwaltungsbezirke. Während nach dem Bevölkerungsstande vom 1. Dezember 1905 in Preußen auf einen Kreis rund 64000 Einwohner, in Sachsen auf einen Verwaltungsbezirk über 150000 Einwohner, in Württemberg auf ein Oberamt rund 36000 Einwohner trafen, ergab sich für ein Bezirksamt in Bayern rechts des Rheines eine Durchschnittsbevölkerung von nur 27530 Einwohnern. (In der Pfalz, wo mit Ausnahme der Stadt Landau auch die größeren Städte dem Bezirksamt unterstehen, ergab sich allerdings eine durchschnittliche Bevölkerung von 55365 Einwohnern.) Ebenso haben auch die 44 kreisunmittelbaren Städte Bayerns, die ebenfalls selbständige untere Verwaltungsbezirke bilden, großenteils nur eine verhältnismäßig geringe Einwohnerzahl; nach der letzten Volkszählung besitzen von ihnen nur

3 Städte über 100000 Einwohner,
3 Städte zwischen 50000 u. 100000 Einwohnern u.
12 Städte zwischen 20000 und 50000 Einwohnern,

während sich die Bevölkerung von

8 Städten zwischen 10000 u. 20000 Einwohnern

bewegt und

18 Städte weniger als 10000 Einwohner bis herab zu 4585 Einwohnern aufweisen.

Hier hätte man vielleicht auf Grund der §§ 36 und 226 RVO. zu kleine Verwaltungsbezirke mit anderen zu einem Versicherungsamte zusammenlegen und die Errichtung gemeinsamer Kassen für die vereinigten Bezirke anordnen können. Allein hiervon hat man abgesehen, weil man die wohlerworbenen Rechte namentlich der kleineren unmittelbaren Städte nicht schmälern und die Daseinsberechtigung der selbständigen unteren Verwaltungsbehörden mit kleinem Bezirke nicht durch Entziehung eines wichtigen Tätigkeitsgebiets beeinträchtigen wollte.

Eine weitere Schwierigkeit ergab sich endlich aus der Gestaltung der weiteren Gemeindeverbände in Bayern. Nach den einzelnen Gemeinden kommt als weiterer Gemeindeverband in den Landbezirken der „Distrikt". Nach den Distrikten und den ihnen gleichstehenden kreisunmittelbaren Städten kommt als gemeinsamer größerer Gemeindeverband nur noch der mit dem Regierungsbezirke sich deckende „Kreis". Der letztere, dessen Vertretung (der „Landrat") dem preußischen Provinzial-Landtag ähnelt, erwies sich für die Erfüllung der Aufgaben, die das zweite Buch der RVO. den Gemeindeverbänden zuweist, insbesondere für die Errichtung der Kassen, die Leistung der Vor- und Zuschüsse und für die Vornahme der Wahlen in den Land-KKn. als ungeeignet. Es wurden daher auf Grund des § 111 RVO. die Distrikte und die kreisunmittelbaren Städte als Gemeindeverbände im Sinne des zweiten Buches erklärt. Diese bildeten im Hinblick auf die den Gemeindeverbänden zugewiesenen Aufgaben die natürliche Grundlage für die Bezirke der allgemeinen Orts-KKn. und der Land-KKn.

Die Bildung der Distrikte stammt nun noch aus einer Zeit, in der Justiz und Verwaltung beim Gericht erster Instanz vereinigt waren. Infolgedessen decken sich die Bezirke der Distrikte und die unteren Verwaltungsbezirke nur bei jenen 72 Bezirksämtern, die nur aus einem Amtsgerichtsbezirke bestehen. Dagegen umfassen 82 Bezirksämter nunmehr je 2 Distrikte und 9 je 3 Distrikte. Im Durchschnitt kommen auf einen solchen Distrikt in Bayern rechts des Rheines nach der letzten Volkszählung nur 17860 Einwohner; im einzelnen geht ihre Größe herab bis auf 5700 Einwohner.

Auch hier wäre vielleicht ein zwangsweises Vorgehen nahegelegen; allein von der zwangsweisen Vereinigung mehrerer Distrikte zu einem Kassenbezirke wurde abgesehen, weil die wirtschaftlichen Verhältnisse der zum gleichen Bezirksamte gehörigen Distrikte oft sehr verschieden und die Verkehrsverhältnisse mitunter recht ungünstig sind, auch die Interessen der Distrikte oft weit auseinandergehen; es wären daher zahlreiche Klagen und Reibungen zu befürchten gewesen, die den Vorteil der zwangsweisen Vereinigung wieder ausgeglichen und das Einleben der Bevölkerung in die neuen Verhältnisse erschwert hätten. Man hat sich daher darauf beschränkt, auf ein freiwilliges Zusammenschließen mehrerer Distrikte namentlich in jenen Fällen hinzuwirken, in denen für den einzelnen Distrikt eine genügend leistungsfähige Kasse nicht zu erhoffen war. In der Tat war dieses Vorgehen auch in weitgehendem Maße von Erfolg begleitet, so daß nunmehr zufolge einer Einigung unter den Distriktsvertretungen 55 allgemeine Orts-KKn. und 16 Land-KKn. mehr als einen Distrikt umfassen; 2 weitere allgemeine Orts-KKn. wurden für je einen Stadtbezirk und einen Landbezirk gemeinsam errichtet, eine Orts-KK. umfaßt 2 Amtsbezirke mit zusammen 3 Distrikten.

Wo eine Kasse für mehrere Gemeindeverbände gemeinsam errichtet wurde, ergab sich die Notwendigkeit, die betreffenden Gemeindeverbände nach § 527 RVO. zu einem Zweckverbande zusammenzuschließen, um auch für den Fall Vorsorge zu treffen, daß übereinstimmende Beschlüsse der beiden Distriktsvertretungen nicht zustande kommen. Für diese Zweckverbände wurde vom Ministerium eine Mustersatzung aufgestellt, welche als Verbandsorgane einen Vorstand und einen Verbandsausschuß vorsah. Der letztere hat, wo nicht eine Vereinbarung der beteiligten Verbände vorliegt, namentlich zu bestimmen, zu welchem Anteil die einzelnen Gemeindeverbände zu den Gesamtkosten des Zweckverbandes beizutragen haben. Die Vornahme der Wahlen bei den Land-KKn. wurde den Distriktsratsversammlungen vorbehalten. Im übrigen wurde auf möglichst einfache Geschäftsführung Bedacht genommen und auch eine auf übereinstimmenden Beschlüssen der Distriktsratsversammlungen beruhende abweichende Regelung genehmigt.

3. Von den bisher bestandenen 75 Orts-KKn. wurden
 22 zu allgemeinen Orts-KKn. ausgestaltet,
 8 als besondere Orts-KKn. zugelassen und
 45 geschlossen.

Von den Betriebs-KKn. wurden 241 geschlossen, 4 mit anderen vereinigt oder verlegt.

Im ganzen bestehen nunmehr in Bayern ab 1. Januar 1914 mit Einschluß der neu errichteten Kassen noch 801 KKn. und zwar
 236 allgemeine Orts-KKn. mit etwa 1 172 000 Mitgliedern,
 60 Land-KKn. mit etwa 138 000 Mitgliedern,
 8 besondere Orts-KKn. mit 11 300 Mitgliedern,
 470 Betriebs-KKn. mit etwa 275 000 Mitgliedern u.
 27 Innungs-KKn. mit 17 300 Mitgliedern.

Vollständig genaue Zahlen liegen noch nicht vor. Auf eine allgemeine Orts-KK. treffen demnach durchschnittlich nahezu 5000 Mitglieder, auf eine Land-KK. durchschnittlich annähernd 2300 Mitglieder.

Von den 236 allgemeinen Orts-KKn. sind
 42 je für eine unmittelbare Stadt,
 192 für die Bezirksämter und
 2 gemeinsam für je 1 Stadt und 1 Bezirksamt
errichtet.

Im einzelnen haben von den allgemeinen Orts-KKn.
 8 weniger als 500 Mitglieder,
 24 über 500 bis zu 1000,
 59 „ 1000 „ „ 2000,
 45 „ 2000 „ „ 3000,
 28 „ 3000 „ „ 4000,
 23 „ 4000 „ „ 5000,
 18 „ 5000 „ „ 6000,
 6 „ 6000 „ „ 7000,
 7 „ 7000 „ „ 8000,
 4 „ 8000 „ „ 9000,
 12 zwischen 10 000 und 22 000 Mitgliedern.
 1 Kasse (Nürnberg) hat rund 130 000 und
 1 Kasse (München) rund 185 000 Mitglieder.

Von den Land-KKn. haben
 7 zwischen 500 und 1000,
 19 „ 1000 „ 2000,
 20 „ 2000 „ 3000,
 9 „ 3000 „ 4000,
 5 „ 4000 „ 6000 Mitgliedern.

Es hat demnach die Konzentration der KKn. auch in Bayern bedeutende Fortschritte gemacht.

II.

Im einzelnen wird hinsichtlich der Organisation der KKn. noch folgendes bemerkt:

1. Nachdem die RVO. die Beschlußfassung über die Errichtung der allgemeinen Orts-KKn. und Land-KKn. den Gemeindeverbänden zugewiesen hatte, wurde lediglich dafür Sorge getragen, daß diese über die in Betracht kommenden Gesichtspunkte rechtzeitig und eingehend belehrt wurden. Im übrigen wurde den Vertretungen der Gemeindeverbände grundsätzlich volle Entschließungsfreiheit gewahrt. Namentlich wurde der Standpunkt vertreten, daß die Versicherungsbehörden die Errichtung einer Land-KK. nicht hindern, sondern auf Grund des § 229 RVO. nur der Nichterrichtung einer Land-KK. entgegentreten können.

2. Da die Herabsetzung der Regelleistungen nach der finanziellen Begründung zur RVO. nur verhältnismäßig geringe Ersparnisse ermöglicht und die Schlechterstellung der landwirtschaftlichen Arbeiter gegenüber den gewerblichen Arbeitern manchen volkswirtschaftlichen und sozialen Bedenken begegnet, wurde darauf hingewirkt, daß auch die Land-KKn. möglichst die vollen Regelleistungen gewähren. Insbesondere wurde die erweiterte Krankenpflege nur für die Dienstboten ohne weiteres auf Antrag genehmigt, da sie für diese im Hinblick auf die §§ 184 und 435 Satz 2 RVO. eine Benachteiligung nicht zur Folge hat. Dagegen wurde die Einführung der erweiterten Krankenpflege für die landwirtschaftlichen Arbeiter vom Ministerium nur da genehmigt, wo die Voraussetzungen des § 427 gegeben waren und die landwirtschaftlichen Arbeiter nicht schon bisher auf Grund statutarischer Bestimmung zu einem großen Teile versichert waren. Im ganzen wurde die Genehmigung zur Einführung der erweiterten Krankenpflege für landwirtschaftliche Arbeiter nur von wenigen Land-KKn. nachgesucht und in 7 Fällen erteilt. Bei Erteilung der Genehmigung wurde darauf hingewirkt, daß von § 430 angemessener Gebrauch gemacht und namentlich auf die berechtigten Wünsche der verheirateten Versicherten gebührende Rücksicht genommen wird.

3. Von der Befugnis des § 236 Abs. 2 RVO., einzelne Gruppen Landkassenpflichtiger den allgemeinen Orts-KKn. zuzuweisen, wurde kein Gebrauch gemacht.

4. Hinsichtlich der Zulassung der Sonderkassen wie auch hinsichtlich des Vollzugs des Art. 15 EG. z. RVO. wurden durch Ministerialentschließung vom 18. April 1913 (MABl. S. 341—346) verschiedene Weisungen gegeben. Hinsichtlich der Ausgestaltung bestehender Orts-KKn. zu allgemeinen Orts-KKn. wurde insbesondere ausgesprochen, daß das Recht des Gemeindeverbandes auf Errichtung einer neuen Kasse dem Rechte auf Ausgestaltung vorgeht, daß die Ausgestaltung selbst der Kasse zukommt, zu deren Gunsten auf die Errichtung einer neuen Kasse verzichtet wurde, und durch Anpassung der Satzung an die Vorschriften der RVO. erfolgt, daß ferner mit der Ausgestaltung auch eine Erweiterung des örtlichen Bezirkes verbunden werden kann und sogar die Orts-KK. einer einzelnen Gemeinde zur allgemeinen Orts-KK. für den ganzen Amtsbezirk ausgestaltet werden kann.

5. Von Bestimmungen nach den §§ 440 (landesrechtliche Krankenfürsorge für Dienstboten), 458 (be-

sondere Vorschriften über die Versicherung der unständig Beschäftigten) und 490 (Überweisung der Beiträge der Hausgewerbtreibenden auf den Gemeindeverband) wurde abgesehen.

III.

1. Zwischen den bayerischen Krankenkassen und Ärzten wurde im Sommer 1913 durch Verhandlungen im Ministerium des Innern eine Einigung herbeizuführen gesucht. Es wurde auch ein Mantelvertrag vorbehaltlich der Zustimmung der beiderseitigen Organisationen vereinbart, von den Organisationen selbst jedoch nicht angenommen. Von neuerlichen Verhandlungen wurde trotz mehrfacher Anregungen der Beteiligten abgesehen, weil inzwischen die großen Verbände selbst Unterhandlungen eingeleitet hatten und nach deren Scheitern auch die bayerischen Ärzte zu einem endgültigen Vertragsabschlusse nicht mehr bereit waren. Das Ministerium beschränkte sich deshalb darauf, die VÄ. und die Kassen selbst zu örtlichen Verhandlungen zu veranlassen und sie dabei auf diejenigen Gesichtspunkte besonders hinzuweisen, die sie im Interesse der Kassen besonders beachten sollten. Namentlich wurde empfohlen, den vorerwähnten Mantelvertrag in dem Sinne zu ändern, daß der für den Fall des Nichtzustandekommens einer Einigung vorgesehene Schiedsspruch über die strittigen Vertragsbedingungen beide Parteien binden soll wie ein von ihnen selbst abgeschlossener Vertrag. Eine derartige Bestimmung war schon in dem ursprünglichen amtlichen Vermittlungsvorschlag enthalten, von den Kassenvertretern jedoch abgelehnt worden. Von verschiedenen KKn. wurden auch Verträge bis auf die endgültige Unterzeichnung zum Abschluß gebracht. Soweit dies nicht der Fall war, hat nunmehr auch in Bayern das Berliner Abkommen die Grundlage der weiteren Verhandlungen zu bilden, wenn nicht die Beteiligten selbst auf eine andere Grundlage sich einigen.

2. Hinsichtlich der Zahntechniker war ursprünglich ins Auge gefaßt worden, die Zulassung zur selbständigen Behandlung von Versicherten von der Erbringung des Befähigungsnachweises durch eine besondere Prüfung abhängig zu machen. Da jedoch die Zahntechniker selbst eine derartige Prüfung für den Übergang nicht wünschten und die Behörden überwiegend ein sicheres Urteil abgeben zu können erklärten, wurde der Gedanke wieder fallen gelassen. Die Regelung nach § 123 ist nunmehr durch Ministerialbekanntmachung vom 17. November 1911 (GVBl. S. 801) erfolgt. Sie beruht im allgemeinen auf den gleichen Grundsätzen, wie sie auch in den meisten übrigen Bundesstaaten angenommen worden sind, und gewährt namentlich für den Übergang bedeutende Erleichterungen für die Zulassung. Die Anerkennung des Zahntechnikers erfolgt durch die amtliche Feststellung des VÄ., daß die vorgeschriebenen Voraussetzungen erfüllt sind. Die Feststellung erfolgt jedoch nur, wenn ein Versicherungsträger bestätigt, daß er den Zahntechniker mit der Behandlung seiner Kassenmitglieder betraut hat oder zu betrauen beabsichtigt. Ohne die Zustimmung der Versicherten dürfen die anerkannten Zahntechniker die selbständige Behandlung von Zahnkrankheiten nur in solchen Orten oder Bezirken übernehmen, für die das VA. auf Antrag eines Versicherungsträgers das Bedürfnis hierzu anerkannt hat. Näher kann auf den Inhalt der Bekanntmachung hier nicht eingegangen werden.

3. Der Abschlag, den die Apotheken den KKn. von den Preisen der Arzneitaxe zu gewähren haben, wurde allgemein wie bisher auf 10% festgesetzt. Der Rabatt ist jedoch nur zu gewähren, wenn die Bezahlung innerhalb 3 Monaten nach der Rechnungstellung erfolgt.

Die Aufstellung der Handverkaufslisten wurde den Kreisregierungen überlassen. Ein Muster für eine solche wurde den Regierungen mit dem Beifügen mitgeteilt, daß die Liste je nach den örtlichen Verhältnissen zu erweitern ist und gegebenenfalls auch Streichungen vorgenommen werden können.

---

8. Die Organisation im Königreich Sachsen.
Von Dr. Wittmaack, Dresden,
Ober-Regierungsrat im Ministerium des Innern.

In Sachsen ist die Industrie besonders hoch entwickelt. Daneben kommt aber auch der Landwirtschaft eine sehr erhebliche Bedeutung zu. In vielen Amtshauptmannschaften ist, wenn auch nicht der ganze, so doch ein großer Teil des Verwaltungsbezirkes noch rein ländlich. Auch die in der Landwirtschaft Beschäftigten waren in Sachsen schon bisher durch Landesgesetz der Krankenversicherung unterworfen. In einem großen Teile des Landes waren sie bei der Gemeindekrankenversicherung versichert. Die Gemeinden hatten sich aber vielfach zu gemeinsamen Gemeindekrankenversicherungen nach § 12 KVG. vereinigt. Diese gemeinsamen Gemeindekrankenversicherungen (Verbände) umfaßten zum Teil ganze Amtsgerichtsbezirke. Einzelne von ihnen besaßen sogar eigene Krankenhäuser. In anderen Teilen des Landes, so namentlich in der Lausitz und im Bezirke der Kreishauptmannschaft Chemnitz, herrschte dagegen bisher die Neigung zur Bildung kleinerer Orts-KKn. vor. Diese wurden meist für alle Gewerbszweige errichtet, ihnen gehörten auch die in der Landwirtschaft Beschäftigten mit an. Die Erfahrungen, die man mit diesen kleinen Kassen gemacht hatte, waren im allgemeinen recht gute. Neben ihnen gab es in Sachsen anderseits Riesen-Orts-KKn., so z. B. die für Dresden und die für Leipzig und Umgegend mit etwa 210 000 Mitgliedern.

Diese Verschiedenheiten in der bestehenden Organisation der Krankenversicherung erschwerten die Durchführung der von der RVO. beabsichtigten Vereinheitlichung des Krankenkassenwesens. Z. B. umfaßte die Orts-KK. für Leipzig und Umgegend außer dem Stadtbezirk auch zahlreiche Gemeinden der Amtshauptmannschaft Leipzig. Da die RVO.

im allgemeinen die KKn. auf den Bezirk eines VA. beschränkt wissen will, ging also hier die Vereinheitlichung schon über das von der RVO. erstrebte Ziel hinaus. Derartige Fälle kamen auch sonst noch vor. Anderseits waren die kleinen bestehenden Orts-KKn. wenig geneigt, die von ihnen im Laufe der Jahre angesammelten Rücklagen, auf die sie nicht wenig stolz waren, nunmehr der neuen allgemeinen Orts-KK. zu überlassen.

Der Umstand, daß die in der Landwirtschaft Beschäftigten in Sachsen schon krankenversicherungspflichtig gewesen sind, ihre Versicherung aber in ganz verschiedener Weise durchgeführt worden war, machte auch die Beantwortung der Frage sehr zweifelhaft, ob die Bildung von Land-KKn. neben den allgemeinen Orts-KKn. zu unterbleiben habe. Ein von sozialdemokratischer Seite im Landtag gestellter Antrag, die Land-KKn. durch Gesetz für das ganze Land auszuschließen, fand nur wenig Unterstützung. Es wurde aber erwogen, ob durch Landesgesetz die Errichtung von Land-KKn. neben den allgemeinen Orts-KKn. nicht wenigstens für die Städte mit der revidierten Städteordnung zu untersagen sei. Auch insoweit ließ sich indessen keine Einigkeit erzielen. Die Entschließung über die Errichtung von Land-KKn. blieb also nach § 229 RVO. den zuständigen Verwaltungsbehörden für ihre Bezirke überlassen. Tatsächlich ist indessen von keiner Stadt mit der revidierten Städteordnung eine Land-KK. errichtet worden. Die Amtshauptmannschaften haben zum Teil Landkrankenkassen errichtet, zum Teil haben sie deren Errichtung ausgeschlossen. Das Ministerium des Innern hat davon abgesehen, im Aufsichtswege hierüber etwas anzuordnen. Es hat nur darauf hingewiesen, daß beim Ausschluß der Errichtung von Land-KKn. die Zuweisung rein ländlicher Bezirke zu solchen allgemeinen Orts-KKn. zu vermeiden sei, in denen die gewerblichen Arbeiter das Übergewicht haben. Dadurch sollte auch in diesen Fällen der ländlichen Bevölkerung die Wahrnehmung ihrer besonderen Eigeninteressen gewahrt bleiben. Mit Rücksicht hierauf und auf die sonstigen Verschiedenheiten der örtlichen Verhältnisse hat das Ministerium des Innern auch nicht angeordnet, daß die allgemeinen Orts-KKn. eine Mindestzahl von Mitgliedern haben müssen. Hierbei kam mit in Betracht, daß — entsprechend der Entwicklung, die in Sachsen das Kommunalwesen genommen hat — alle Städte mit der revidierten Städteordnung, mit einer Ausnahme, eigene VA. erhalten haben. Für die Annahme der revidierten Städteordnung ist nicht Bedingung, daß die Städte eine Mindestzahl von Einwohnern haben müssen. Mindestens für die kleineren Städte dieser Art hätte daher die Bildung einer allgemeinen Orts-KK. mit einer verhältnismäßig geringen Mitgliederzahl nachgelassen werden müssen.

In solchen Gegenden, wo die in der Landwirtschaft Beschäftigten bisher schon Mitglieder von Orts-KKn. waren, ist meist die Errichtung von Land-KKn. unterblieben. Es wurden meist nur allgemeine Orts-KKn. und zwar in der Weise gebildet, daß bestehende gemeinsame Orts-KKn. unter Erweiterung ihres Bezirkes ausgestaltet worden sind. Die Erweiterung des Kassenbezirkes bei der Ausgestaltung von Orts-KKn. mit Genehmigung des OVA. ist nach Art. 15 Abs. 2 EG.z.RVO. für zulässig angesehen worden. In solchen Fällen, in denen die Errichtung von Land-KKn. unterblieben ist, wurde aber von den Beteiligten, und zwar namentlich von den Vertretern der Landwirtschaft, mit Recht vielfach besonderer Wert darauf gelegt, daß die Bezirke der neuen allgemeinen Orts-KKn. nicht allzu groß gemacht würden. Dagegen sind in den Verwaltungsbezirken, wo die in der Landwirtschaft Beschäftigten meist bei der Gemeindekrankenversicherung — insbesondere aber bei größeren Verbänden der Gemeinden — versichert waren, umfassendere Kassenbezirke gebildet, und es ist für diese sowohl eine allgemeine Orts-KK. als eine Land-KK. errichtet worden. Eine einzige allgemeine Orts-KK. für den ganzen Verwaltungsbezirk hat — unter Ausschluß der Errichtung einer Land-KK. — nur die Amtshauptmannschaft Leipzig gebildet. Diese allgemeine Orts-KK. wird 104, zum Teil sehr große Gemeinden umfassen.

Im übrigen ergeben sich die Veränderungen, die in der Gestaltung der Krankenversicherung auf Grund der RVO. in Sachsen stattfinden, aus der folgenden Zusammenstellung, die aber selbstverständlich auf statistische Zuverlässigkeit noch keinen Anspruch machen kann*).

	Im Bezirke des OVA.				
	Dresden	Leipzig	Chemnitz	Zwickau	Bautzen
A. Es sind VA. vorhanden:					
a) gemeindliche	14	19	18	22	7
b) amtshauptmannschaftl.	8	6	6	5	4
zus.:	22	25	24	27	11
B. Es bestanden bisher:					
a) Orts-KKn.	156	62	155	138	150
b) Betriebs-KKn.	184	102	191	236	138
c) Innungs-KKn.	19	17	26	37	16
d) Gemeindekrankenversicherungen	311	39	113	107	31
zus.:	670	220	485	518	335
Auf die Städte mit der revidierten Städteordnung, die ein eigenes VA. erhalten haben, entfielen:					
a) Orts-KKn.	19	21	22	35	8
b) Gemeindekrankenversich.	2	—	2	3	1

*) Das Statistische Landesamt beabsichtigt, zur Fortsetzung der im 2. Hefte des Jahrganges 1907 der von ihm herausgegebenen „Zeitschrift" erschienenen Krankenversicherungsstatistik u. a. ein Verzeichnis der KKn. aufzustellen, das den Stand der sächsischen KKn. vom 1. Januar 1913 wiedergibt. Die Aufstellung des Verzeichnisses ist noch in Bearbeitung.

	Im Bezirke des OVA.				
	Dresden	Leipzig	Chemnitz	Zwickau	Bautzen
C. Von sämtlichen bestehenden Kassen sind geschlossen worden:					
a) Orts-KKn.	64	22	47	65	23
b) Betriebs-KKn.	28	19	41	61	12
c) Innungs-KKn.	2	2	6	1	—
d) Gemeindekrankenversicherungen	311	39	113	107	31
zus.:	405	82	207	234	66,
freiwillig aufgelöst worden:					
a) Orts-KKn.	37	—	15	3	42
b) Betriebs-KKn.	33	12	8	10	16
c) Innungs-KKn.	—	1	2	—	3
zus.:	70	13	25	13	61,
mit einer auszugestaltenden Kasse bei der Ausgestaltung mit ihrem Einverständnisse vereinigt worden:					
a) Orts-KKn.	—	1	1	—	—
b) Betriebs-KKn.	1	1	1	2	1
zus.:	1	2	2	2	1.
Im ganzen fallen also weg:	476	97	234	249	128 Kass.
D. Es bleiben nach dem 31. Dezember 1913 bestehen:					
a) Besondere (zugelassene) Orts-KKn.	2	3	2	9	3
b) Ausgestaltete Orts-KKn.	53	36	90	61	82
c) Betriebs-KKn.	122	70	141	163	109
d) Innungs-KKn.	17	14	18	36	13
zus.:	194	123	251	269	207.
Neu hinzukommen:					
a) Allgemeine Orts-KKn.	32	7	40	14	10
b) Land-KKn.	9	23	1	5	1
c) Betriebs-KKn.	2	2	—	2	1
d) Innungs-KKn.	2	—	—	1	—
zus.:	45	32	41	22	12.
Es werden also vom 1. Januar 1914 ab, abgesehen von den Ersatzkassen, vorhanden sein:					
a) Allgemeine Orts-KKn.	85	43	130	75	92
b) Besondere Orts-KKn.	2	3	2	9	3
c) Betriebs-KKn.	124	72	141	165	110
d) Innungs-KKn.	19	14	18	37	13
e) Land-KKn.	9	23	1	5	1
zus.:	239	155	292	291	219.
Davon entfallen auf die Städte mit eigenen VÄ.:					
a) Allgemeine Orts-KKn.	14	19	18	22	7
b) Besondere Orts-KKn.	1	2	2	4	1
c) Betriebs-KKn.	60	35	70	94	16
d) Innungs-KKn.	13	14	16	32	11
e) Land-KKn.	—	—	—	—	—
zus.:	88	70	106	152	35.

	Im Bezirke des OVA.				
	Dresden	Leipzig	Chemnitz	Zwickau	Bautzen
Bei den Amtshauptmannschaften wird die Zahl der Kassen betragen:					
a) Allgemeine Orts-KKn.	71	24	112	53	85
b) Besondere Orts-KKn.	1	1	—	5	2
c) Betriebs-KKn.	64	37	71	71	94
d) Innungs-KKn.	6	—	2	5	2
e) Land-KKn.	9	23	1	5	1
zus.:	151	85	186	139	184.
E. I. Im Durchschnitt hatten					
a) die bisherigen Orts-KKn.					
aa) in den Städten mit eigenem VA. Mitglieder	9806	13156	6070	4163	4371
bb) in den Amtshauptmannschaften Mitglieder	614	768	583	537	499
b) die Gemeindekrankenversicherungen, einschl. der Gemeindekrankenversicherungsverbände	179	1375	105	109	185.
II. Im Durchschnitt werden schätzungsweise haben:					
a) die neuen allgemeinen Orts-KKn.					
aa) in den Städten mit eigenem VA. Mitglieder	14110	14190	8400	7481	4953
bb) in den Amtshauptmannschaften Mitglieder	1815	2830	1075	1330	1092
b) die Land-KKn. Mitglied.	2311	1920	720	1800	596.

Die Ersatzkassen konnten in der Zusammenstellung noch nicht mit berücksichtigt werden; doch ist anzunehmen, daß nur eine geringe Zahl solcher Kassen mit dem Sitze in Sachsen weiter bestehen wird.

Die Zusammenstellung läßt erkennen, daß auch in Sachsen die Neugestaltung der Krankenversicherung nach der RVO. in großem Umfang zur Vereinheitlichung des Kassenwesens geführt hat. Wenn diese nicht in allen Teilen des Landes in gleicher Weise erreicht worden ist, so beruht dies auf den oben dargelegten örtlichen Verhältnissen, die es in vielen Gegenden möglich gemacht haben, die Neugestaltung lediglich auf dem Wege der Fortentwicklung der bestehenden Orts-KKn. vorzunehmen. Daß auch die allgemeinen Orts-KKn., die mit einer verhältnismäßig geringeren Mitgliederzahl bestehen geblieben sind, leistungsfähig sein werden, läßt sich nicht bezweifeln. Es verdient hier vielleicht erwähnt zu werden, daß sich bereits unter dem seitherigen Rechte eine Reihe von kleineren Orts-KKn. der Oberlausitz zum Betrieb eines Genesungsheims zusammengetan hatten und daß dasselbe auch von den Orts-KKn. des Pirnaer Bezirkes (Kreishauptmannschaft Dresden) vorbereitet wird. Ausgeschlossen ist allerdings nicht, daß die Regelung der Angestelltenverhältnisse, für die das Ministerium des Innern eine Musterdienstordnung erläßt, bei den kleineren Kassen mehr Schwierigkeiten bieten wird, als bei den größeren. Auch Befürchtungen dieser Art dürften sich indessen kaum als begründet herausstellen.

Im einzelnen werden noch folgende Punkte von Interesse sein:

1. Dem Ministerium des Innern ist es zweifelhaft gewesen, ob nach § 239 RVO. auch solche bestehende Orts-KKn. als besondere Kassen zugelassen werden konnten, die auf Grund des KVG. für alle Gewerbszweige errichtet worden waren. Der Ausdruck „Orts-KK. für einzelne oder mehrere Gewerbszweige", die nach § 239 zuzulassen sind, ist zwar aus dem KVG. übernommen worden. Dort sind aber solche Kassen nicht, wie in § 239 den allgemeinen Orts-KKn., ausdrücklich als besondere Kassen gegenübergestellt. Aus dieser Gegenüberstellung läßt sich sehr wohl eine verschiedene Auslegung des Begriffs „Orts-KKn. für mehrere Gewerbszweige" im KVG. und in der RVO. rechtfertigen. Trotzdem ist in solchen Fällen die Zulassung nur dann abgelehnt worden, wenn eine Gefährdung der Leistungsfähigkeit der allgemeinen Orts-KK. durch die Zulassung erwartet werden mußte. Diese Gefährdung wurde insbesondere als vorhanden angesehen, wenn der allgemeinen Orts-KK. namentlich solche Mitglieder verblieben sein würden, die schlechtere Risiken bieten und den Verwaltungsaufwand der Kasse unverhältnismäßig erhöhen, so insbesondere — beim Ausschluß von Land-KKn. — die Hausgewerbtreibenden und die unständigen Arbeiter. Im übrigen ist man an Stelle der Zulassung lieber auf die Ausgestaltung der für alle Gewerbszweige bestehenden Kassen namentlich auch aus dem Grunde zugekommen, um Zweifel darüber zu vermeiden, welcher Kasse gewisse Gruppen von Versicherten, so insbesondere die in der Landwirtschaft Beschäftigten, sonst anzugehören haben würden.

2. Bei der Zulassung besonderer Orts-KKn. sowie der bestehenden Betriebs- und Innungs-KKn. sind die freiwilligen Mitglieder mitgezählt worden.

3. Nach § 241 und § 255 Abs. 1 Nr. 1 RVO. ist die für die weitere Zulassung maßgebende Mindestzahl von Mitgliedern bei besonderen Orts-KKn. und Betriebs-KKn. „nach dem Durchschnitt der letzten drei Jahre" zu berechnen. Daß hierunter Kalenderjahre zu verstehen seien, ist vielleicht gemeint gewesen, jedenfalls aber nicht ausgesprochen worden. Da, namentlich bei den Betriebs-KKn., praktische Gründe für die andere Auslegung sprechen, hat man als ausreichend angesehen, daß die Mindestzahl nach dem Durchschnitt der letzten drei Jahre erreicht wurde, die vor dem Tage der endgültigen Entscheidung über die Zulassung lagen.

4. Die Frage der Gleichwertigkeit der Leistungen ist in der Weise beantwortet worden, wie es in dem Erlasse des Reichskanzlers vom 15. Juli 1913 zum Ausdruck gekommen ist.

5. Für die in Art. 14 EG. z. RVO. vorgeschriebene Schließung von Gemeindekrankenversicherungen hat sich das Ministerium als oberste Verwaltungsbehörde zwar nicht der in der Literatur vertretenen Ansicht angeschlossen, daß die Schließung durch die zuständigen Gemeindeorgane selbst vorzunehmen sei. Es hat aber die Schließung durch das OVA. dann für gegenstandslos erklärt, wenn sich Gemeindeversicherungsverbände rechtzeitig selbst mit Wirkung vom 1. Januar 1914 ab aufgelöst haben. Diese Auflösung hat man mit der Maßgabe als zulässig angesehen, daß die „Bestände" der Gemeindekrankenversicherung nach Art. 14 durch das VA. den berechtigten KKn. zu überweisen sind. Zu diesen Beständen sind das Geräte der Verbände, und insbesondere ein dem Verbande gehöriges Krankenhaus, nicht mit gerechnet worden.

6. Von einer Entschließung wegen Einführung der erweiterten Krankenpflege nach § 426 RVO. hat Sachsen abgesehen.

7. Zu einem lebhaften Meinungsaustausch hat es geführt, daß das Ministerium des Innern der Stadt Dresden in Aussicht gestellt hat, die bei der städtischen Dienstboten-KK. versicherten Dienstboten auf Grund von § 440 RVO. nach diesem Gesetze für versicherungsfrei zu erklären, wenn die Kasse ihre Satzung rechtzeitig so abändert, daß die von ihr gewährte Fürsorge mit Wirkung vom 1. Januar 1914 ab nach Umfang und Dauer mindestens den Regelleistungen der reichsgesetzlichen KKn. gleichwertig ist. Von der Orts-KK. zu Dresden ist hiergegen eingewendet worden, daß die Voraussetzungen für die Befreiung nicht vorlägen, weil die Dresdner Dienstboten-KK. nur auf Ortsgesetz und deshalb nach Ansicht der Kasse nicht auf „landesrechtlicher" Fürsorge beruhe, und weil ferner nach § 440 Abs. 2 die Befreiung nur zulässig sei, wenn die Leistungen bereits sechs Monate nach dem Inkrafttreten der Vorschriften über die zur Durchführung der RVO. erforderlichen Maßnahmen (EG. Art. 1) gleichwertig gemacht wurden. Es handle sich hier um eine solche Maßnahme. Das Reichsamt des Innern, das um Meinungsäußerung gebeten worden ist, hat die Zulassung der Dienstbotenkrankenkasse gleichfalls für unbedenklich erklärt.

8. Von der ihm in § 503 Abs. 2 RVO. gegebenen Befugnis, für Ersatzkassen die Mindestzahl der Mitglieder herabzusetzen, hat das Ministerium des Innern nur in einem Falle Gebrauch gemacht.

9. Die Zweifel, unter welchen Bedingungen es den KKn. möglich sein wird, Verträge mit Kassenärzten abzuschließen, sind in Sachsen, wie in den meisten andern Bundesstaaten, noch nicht endgültig geklärt.
10. Die Vorschriften darüber, wieweit Zahntechniker bei Zahnkrankheiten selbständige Hilfe leisten können (RVO. § 122), werden sich voraussichtlich in Sachsen im wesentlichen an die Vorschriften anlehnen, deren Erlaß hierüber in Preußen beabsichtigt ist.
11. Die Höhe des Abschlags, den nach § 376 Abs. 1 RVO. die Apotheken den KKn. für die Arzneien von den Preisen der Arzneitaxe zu gewähren haben, soll auf 10 vom Hundert bestimmt werden.
12. Die Handverkaufslisten (RVO. § 376 Abs. 2) setzen in Sachsen die Kreishauptmannschaften je für ihren Bezirk fest.

4. Die Organisation in Württemberg.
Von Ministerialrat Schäffer, Stuttgart.

1. In Württemberg ist dem der RVO. trotz aller Rücksichtnahme auf das Bestehende doch zugrunde liegenden Gedanken der Vereinheitlichung des Krankenkassenwesens weitgehend Rechnung getragen worden. Die territoriale Einheitskasse in dem Sinne, daß für den Versicherungsamtsbezirk nur eine allgemeine KK. neben den besonderen Kassenarten der Betriebs- und Innungs-KKn. bestehen soll, hat sich mächtig Bahn gebrochen. Dieser Erfolg ist einmal auf zwei wichtige organisatorische Ausführungsbestimmungen zur RVO., sodann aber auf die bisherige historische Entwicklung des Krankenkassenwesens in Württemberg zurückzuführen.

Obgleich die auf einem Landesgesetze von 1888 beruhende bisherige Krankenpflegeversicherung, in der die Dienstboten und landwirtschaftlichen Arbeiter, soweit letztere nicht statutarisch der reichsgesetzlichen Krankenversicherung zugewiesen waren, kraft Landesrechts versichert waren, den Land-KKn. im Sinne der RVO., namentlich auch der dort vorgesehenen „erweiterten Krankenpflege" als Vorbild gedient hat, sind doch durch Art. 5 des württ. Ausführungsgesetzes zur RVO. die Land-KKn. ausgeschlossen worden. Gerade weil die hier in Betracht kommenden Bevölkerungskreise schon an die Versicherung gewöhnt waren und weil tatsächlich in Württemberg die Industrie auf alle Landesteile sich erstreckt, konnte der Schritt zur allgemeinen Einheitskasse jetzt getan werden. Die andere grundlegende Organisationsbestimmung ist in § 21 der Vollzugsverfügung zur RVO. enthalten, wo auf Grund des § 226 Abs. 3 RVO. vorgeschrieben ist, daß für jeden Oberamtsbezirk eine allgemeine Orts-KK. zu errichten ist. Das OVA. kann Ausnahmen zulassen. Da in Württemberg die VÄ. sämtlich an die unteren staatlichen Verwaltungsbehörden (Stadtdirektion Stuttgart und Oberämter) angegliedert sind, decken sich die Oberamtsbezirke mit den Versicherungsamtsbezirken (nur in Stuttgart ist für die Bezirke der Stadtdirektion und des Amtsoberamts ein gemeinsames VA. bei der Stadtdirektion Stuttgart errichtet). Das OVA. machte von seiner Befugnis der Gestattung von Ausnahmen vorsichtigen Gebrauch (nur in 7 Fällen). Eine zweite allgemeine Orts-KK. wurde in der Regel nur dann gestattet, wenn sonst die Zulassung einer die bisherigen reichsgesetzlich Versicherten umfassenden besonderen Orts-KK. für einen Bezirksteil nicht zu vermeiden gewesen wäre. In solchen Fällen war im Interesse der leichteren Durchführung der Versicherung namentlich für die Neuversicherten die Schaffung von Einheitskassen wenigstens für die einzelnen Teile des Oberamtsbezirkes vorzuziehen.

Die Durchführung der RVO. wurde in Württemberg überhaupt dadurch wesentlich erleichtert, daß ein einheitliches OVA. für das ganze Land errichtet worden ist. Es war auf diese Weise die Anwendung gleichmäßiger Grundsätze gewährleistet. Das OVA. konnte die Verhältnisse des ganzen Landes übersehen, und seine umfassende Zuständigkeit und gründliche Beherrschung der nicht leichten Gesetzesmaterie verlieh seinen Ratschlägen und Entscheidungen ein besonderes Gewicht. Es wurden denn auch im ganzen von nur vier Kassen Vorstellungen oder Beschwerden an das Ministerium des Innern erhoben. Das OVA. konnte die bisherige historische Entwicklung des württembergischen Krankenkassenwesens im Sinne einer weiteren Vereinheitlichung desselben glücklich weiterführen.

Schon unter dem KVG. wurde allenthalben von den in § 16 Abs. 4 und § 43 daselbst vorgesehenen Möglichkeiten der Errichtung gemeinsamer Orts-KKn. Gebrauch gemacht, und zwar in der Weise, daß sich die Orts-KK. zugleich auf alle versicherten Gewerbszweige und auf mehrere Gemeinden, womöglich auf sämtliche Gemeinden des Oberamtsbezirkes, erstreckte. Ebenso umfaßten die bestehenden Gemeindekrankenversicherungen teils mehrere Gemeinden, teils den ganzen Oberamtsbezirk. Es hat sich eben als die zweckmäßigste Gestaltung des Krankenkassenwesens diejenige gezeigt, bei der innerhalb eines wirtschaftlich zusammengehörigen, nicht zu großen räumlichen Bezirkes, als welcher sich gerade ein württembergischer Oberamtsbezirk mit durchschnittlich etwa 40000 Einwohnern darstellt, tunlichst alle versicherungspflichtigen Personen zu einer Kasse zusammengefaßt sind, die hierdurch die für eine zweckmäßige und billige Verwaltung erforderliche Zahl von Mitgliedern und den durch die Verbindung der verschiedenen Erwerbszweige möglichen Ausgleich der mannigfachen gesundheitlichen und wirtschaftlichen Risiken erhält, so daß sie eine Gleichmäßigkeit und Stetigkeit sowohl hinsichtlich des Umfanges der Leistungen als hinsichtlich der Höhe der Beiträge gewährleisten kann. Auch wird bei einer solchen Organisation ein einfacher und klarer Rechtszustand geschaffen, wodurch die unwirtschaftlichen Streitigkeiten über die Kassenzugehörigkeit und die gegenseitigen Ersatzpflichten unter den KKn. vermieden werden.

2. Über die bisherige Konzentration der KKn. in den größeren Bundesstaaten gibt folgende Übersicht ein Bild.

Staaten	Jahr	Gesamtzahl der reichsgesetzlichen Kassen u. zwar Gemeindekrankenversicherung, Orts-KKn. Betriebs-KKn., Bau-KKn., Innungs-KKn., eingeschriebene u. landesrechtliche Hilfskassen.	Durchschnittliche Mitgliederzahl (nach vollen Tausend)	Auf eine Kasse entfallen durchschnittlich Mitglieder (unter Weglassung der Bruchzahlen)
Preußen	1890	9076	3456000	380
	1895	9461	3997000	422
	1900	10120	5122000	506
	1905	10432	6191000	593
	1910	10632	7281000	684
Bayern	1890	4358	584000	134
	1895	4471	682000	152
	1900	4558	887000	194
	1905	4478	990000	221
	1910	4506	1151000	255
Sachsen	1890	2352	889000	377
	1895	2329	962000	413
	1900	2429	1171000	482
	1905	2354	1328000	564
	1910	2344	1567000	668
Württemberg	1890	490	211000	430
	1895	450	236000	524
	1900	467	308000	659
	1905	465	373000	802
	1910	444	452000	1018
Baden	1890	605	279000	461
	1895	773	345000	446
	1900	915	437000	477
	1905	1014	489000	482
	1910	1018	554000	544
Hessen	1890	956	176000	184
	1895	990	192000	193
	1900	1007	227000	225
	1905	1000	267000	267
	1910	996	301000	302
Elsaß-Lothringen	1890	578	201000	347
	1895	543	229000	421
	1900	575	286000	497
	1905	522	331000	634
	1910	515	349000	677
Deutsches Reich	1890	20568	6579000	319
	1895	21362	7525000	352
	1900	22508	9520000	422
	1905	22695	11184000	492
	1910	22843	13069000	572

Im Jahre 1910 waren hinsichtlich der Konzentration über dem Reichsdurchschnitte von 572: Preußen, Sachsen, Württemberg und Elsaß-Lothringen; unter dem Durchschnitt standen: Bayern, das noch nicht die Hälfte des Reichsdurchschnitts erreichte, ferner Hessen und auch noch Baden. Weitaus am meisten vorangeschritten war Württemberg, das fast das Doppelte des Reichsdurchschnitts und das Vierfache von Bayern an Konzentrierung erreicht hatte. Die Zunahme der Konzentrierung vom Jahre 1890 bis 1910 betrug im Reiche durchschnittlich 79 Proz., in Württemberg dagegen 136 Proz.

Nach der abgeschlossenen Krankenkassenstatistik für das Jahr 1911 waren im Jahre 1911 in Württemberg durchschnittlich tätig: 444 reichsgesetzliche Kassen mit rund 481000 Versicherten; es entfielen hiernach auf eine Kasse durchschnittlich 1083 Mitglieder.

Es waren im einzelnen vorhanden:
11 Gemeindekrankenversicherungen,
102 Orts-KKn.,
276 Betriebs-KKn.,
1 Bau-KKn.,
10 Innungs-KKn.,
44 eingeschriebene Hilfskassen,
dazu 107 landesrechtliche Krankenpflegeversicherungen,
zus. 551 Versicherungseinrichtungen.

Künftig werden vorhanden sein:
70 allgemeine Orts-KKn. mit 491566 Mitgl.
16 besondere Orts-KKn. „ 42813 „
210 Betriebs-KK. „ 119253 „
10 Innungs-KKn. „ 4241 „
zus. 306 Versicherungseinrichtungen mit zusammen 657873 Mitgliedern. Anträge auf Zulassung als Ersatzkasse nach §§ 503, 514 RVO. sind bis zu dem in Art. 25 Abs. 2 EG. bestimmten Termine bei der zuständigen Behörde nicht eingekommen.

In 56 von den 63 Versicherungsamtsbezirken Württembergs gibt es künftig nur eine allgemeine Orts-KK., in 47 dieser Bezirke besteht daneben auch keine besondere Orts-KK. In nahezu $^7/_9$ der Bezirke ist hiernach die Einheitskasse (abgesehen von den Betriebs- und Innungs-KKn.) hergestellt. Nur in 7 Bezirken werden je 2 allgemeine Orts-KKn. (in 3 derselben daneben noch besondere Orts-KKn.) vorhanden sein. In dem rund 350000 Einwohner zählenden Bezirke des VA. Stuttgart besteht nur eine allgemeine Orts-KK., neben 2 besonderen Orts-KKn.

Durch die erwähnte bisherige landesgesetzliche Krankenpflegeversicherung waren in Württemberg schon alle landwirtschaftlichen Arbeiter und Dienstboten zur Versicherung herangezogen. Gegenüber dem künftigen Stande nach der RVO. fehlten jedoch noch die unständigen Arbeiter, die im Wandergewerbebetriebe Beschäftigten und die hausgewerblichen Versicherungspflichtigen, soweit letztere nicht etwa statutarisch der reichsgesetzlichen Krankenversicherung unterworfen waren. (Dies traf, von unbedeutenden sonstigen Fällen abgesehen, nur für die Stadt Stuttgart zu.) Die Zahl derjenigen Personen, die in den Kreis der Krankenversicherung neu einbezogen worden sind, ist daher in Württemberg verhältnismäßig nicht sehr groß; sie beträgt rund 50000.

Die Gesamtzahl der reichs- und landesrechtlichen Versicherungseinrichtungen betrug im Jahre 1911: 551, die Zahl der Versicherten rund: 617000. Es entfielen hiernach auf eine Kasse durchschnittlich 1120 Versicherte. Da die Gesamtzahl der künftigen KKn. 306 beträgt, so kommen auf eine Kasse bei einer Gesamtmitgliederzahl von rund 658000 durchschnittlich 2150 Versicherte. Die Neuordnung des Krankenkassenwesens wird daher eine weitere Steigerung der in Württemberg schon bisher sehr fortgeschrittenen Konzentration um etwa 92 Proz. bedeuten.

3. Als die für die Übergangszeit wichtigsten organisatorischen Fragen kommen in Betracht einmal die Zulassung der besonderen Orts-KKn. sowie der bestehenden Betriebs- und Innungs-KKn. sodann die Ausgestaltung bisheriger gemeinsamer Orts-KKn. zu allgemeinen Orts-KKn. Bei der Zulassung wurden im allgemeinen die in dem Kassenorganisationserlasse des preußischen Ministers für Handel und Gewerbe vom 4. November 1912 enthaltenen Grundsätze in Anwendung gebracht. Bei der Prüfung der Mindestmitgliederzahl wurden auch die freiwilligen Mitglieder mitgezählt (zu vgl. den preuß. Erlaß vom 15. Januar 1913). Eine Gefährdung der allgemeinen Orts-KK. durch eine besondere Orts-KK. wurde nicht nur dann angenommen, wenn der ersteren nicht mindestens 250 Mitglieder verbleiben würden, sondern namentlich auch dann, wenn der allgemeinen Orts-KK. die guten Risiken entzogen oder ihr nur die an sich Landkassenpflichtigen verbleiben würden, oder wenn ihr Bezirk durch die besondere Orts-KK. in einer für die Kassenverwaltung ungünstigen Weise durchbrochen worden wäre. Die Frage, ob bisherige gemeinsame Orts-KKn., die alle seither versicherungspflichtigen Erwerbszweige umfassen, als besondere Orts-KKn. zugelassen werden können, ist bejaht worden. Es sind tatsächlich auch mehrere solcher Kassen zugelassen worden, obwohl ihr Weiterbestehen für die allgemeinen Orts-KKn. nicht gerade erwünscht ist. Indessen handelte es sich hierbei um Fälle, in denen die allgemeinen Orts-KKn. ohnehin genügend leistungsfähig sind, da sie in einem großen Teile des Bezirkes alle Versicherten und in dem anderen Teile wenigstens die Neuversicherten umfassen. Es wurde stets die Gesamtleistungsfähigkeit geprüft; eine gleichmäßige Leistungsfähigkeit in allen Teilen des Bezirkes wurde nicht für erforderlich erachtet. Die Prüfung des rechtmäßigen Bestandes der bisherigen Kassen hat zu keinen Anständen geführt. Kassen allein für Versicherte eines Geschlechts gibt es in Württemberg nicht. Auch waren solche Kassen, die für bestimmte Erwerbszweige und zugleich für bestimmte Betriebsarten errichtet gewesen wären, nicht vorhanden. Fälle, in denen dem Antrag auf Zulassung wegen Formfehler nicht stattgegeben werden konnte, waren verhältnismäßig selten. Daran wurde festgehalten, daß ein Formfehler nicht etwa nachträglich nach dem 1. Januar 1913 (etwa durch Nachholung der Zustimmung der Generalversammlung der Kasse) geheilt werden konnte.

Zu den meisten Zweifeln hat die Frage der Ausgestaltung bisheriger gemeinsamer Orts-KKn. zur allgemeinen Orts-KK. nach Art. 15 EG. z. RVO. Anlaß gegeben. Bei der seitherigen Entwicklung des Krankenkassenwesens in Württemberg spielte die Ausgestaltung eine besonders große Rolle. Von den 70 künftigen allgemeinen Orts-KKn. sind 58 ausgestaltet und nur 12 neu errichtet worden. Die in Württemberg bei der Ausgestaltung angewandten Grundsätze sind in der Nr. 2 d. 1. Jahrg. d. Monatsschrift f. Arb.- und Angest.-Vers. Sp. 81 ff. des Näheren dargestellt worden. Sie sind zusammengefaßt die folgenden:

a) Art. 15 EG. hat selbständige Bedeutung neben § 231 RVO. Die Ausgestaltung ist hiernach nicht von dem Gemeindeverbande, sondern von der Kasse selbst und zwar durch Anpassung ihrer Satzung an die neuen Rechtsverhältnisse vorzunehmen. Rechtlich handelt es sich daher um eine einfache Satzungsänderung, die von der bisherigen Generalversammlung zu beschließen ist.

b) Auf Grund des Art. 15 Abs. 2 kann mit Genehmigung des OVA. der bisherige Bezirk der auszugestaltenden Kasse auch erweitert werden.

c) Gegenüber mehreren miteinander um die Ausgestaltung konkurrierenden Kassen hat das OVA. unter Berücksichtigung der Gesamtinteressen des Bezirkes nach pflichtmäßigem Ermessen zu entscheiden, wobei nicht sowohl die bisherige Mitgliederzahl als die Güte der Verwaltung und die Leistungsfähigkeit der Kassen in Betracht kommt.

d) Über Beschwerden gegen Entscheidungen des OVA. auf Grund des Art. 15 Abs. 2 EG. entscheidet die oberste Verwaltungsbehörde.

e) Das Recht des Gemeindeverbandes zur Errichtung einer allgemeinen Orts-KK. bleibt gewahrt. Eine Ausgestaltung kann daher nur stattfinden, wenn der Gemeindeverband auf die Errichtung verzichtet.

f) Im übrigen tritt die Ausgestaltung ganz an die Stelle der Errichtung, so daß bei rechtzeitiger Ausgestaltung dem Erfordernis des § 232 RVO. genügt und das OVA. nicht mehr zur Anordnung der Errichtung einer Kasse befugt ist.

g) Auf die Ausgestaltung findet das Zulassungsverfahren nach Art. 17—20 EG. keine Anwendung. Dagegen muß die Satzung der auszugestaltenden Kasse bis zu dem in Art. 21 EG. bestimmten Zeitpunkt (30. VI. 1913) mit der RVO. in dem allgemein anerkannten Sinne in Einklang gebracht sein, daß bis dahin ein von der Generalversammlung beschlossener neuer Satzungsentwurf bei dem VA. eingereicht sein muß[*]).

---

[*]) Die für die Neuorganisation der KKn. in Württemberg maßgebenden Gesichtspunkte sind im einzelnen in dem Organisationserlasse des Ministeriums des Innern vom 15. Dezember 1912 (Amtsbl. des württ. Minist. des Innern S. 441 ff.) enthalten. Es mußten nur die dort für die Einreichung der Kassensatzungen vorgesehenen Termine nachträglich noch verlängert werden, da sich das Zustandekommen der bundesrätlichen Mustersatzungen verspätete.

Infolge der Verspätung der Herausgabe der Mustersatzungen und wohl auch infolge unrichtiger Auffassung der dem Art. 21 EG. gegebenen amtlichen Auslegung kam es vor, daß zwar ein neuer Satzungsentwurf bis zum 30. Juni 1913 bei dem VA. eingereicht wurde, daß jedoch über diesen Entwurf die Generalversammlung noch nicht Beschluß gefaßt hatte. Hier wurde von den Versicherungsbehörden der Standpunkt vertreten, daß nur dann eine vorschriftsmäßige Einreichung des Satzungsentwurfs erfolgt ist, wenn die Generalversammlung vorher über denselben Beschluß gefaßt hat. Da dieser Formfehler namentlich auch von Kassen, die zur Ausgestaltung vorgesehen waren, begangen wurde, so hatte der Gemeindeverband nachträglich die Errichtung einer neuen allgemeinen Orts-KK. und eine neue Satzung zu beschließen, oder es mußte das OVA. von seiner Anordnungsbefugnis nach §§ 232 und 233 RVO. Gebrauch machen.

Gemeindeverband im Sinne der §§ 231, 320 RVO. ist in Württemberg die Amtskörperschaft. Der Bezirk der Amtskörperschaft deckt sich mit dem Oberamts- und hiernach auch (abgesehen von Stuttgart) mit dem Versicherungsamtsbezirke. Das für die Errichtung der allgemeinen Orts-KK. und der Satzung zuständige Gemeindeverbandsorgan ist die Amtsversammlung, welche die Vertretung der Amtskörperschaft darstellt. Die Amtsversammlung ist nach § 526 Abs. 1 RVO. auch in den Fällen zuständig, in denen sich der Kassenbezirk nur auf einen Teil des Oberamtsbezirkes erstreckt. Von der Bildung von Sektionen nach § 415 RVO. ist allgemein abgesehen worden. Zu Kassenverbänden im Sinne der §§ 406 ff. RVO. haben sich einmal die Allgemeine Orts-KK. Stuttgart und die im Versicherungsamtsbezirke Stuttgart noch vorhandenen zwei besonderen Orts-KKn. und sodann die drei Betriebs-KKn. der staatlichen Verkehrsanstalten, die sämtlich ihren Sitz in Stuttgart haben, zusammengeschlossen. Als eine Kassenvereinigung im Sinne des § 414 RVO. kommt für Württemberg besonders der Württembergische Krankenkassen-Verband in Betracht, der die verschiedensten Kassenarten umfaßt und sich namentlich in ärztlichen und Apotheken-Angelegenheiten wirksam betätigt. Der Verband besitzt auf Grund seiner Eintragung in das Vereinsregister selbständige Rechtspersönlichkeit.

4. Die in die reichsgesetzliche Krankenversicherung neu einbezogenen Personenkreise gehören in Württemberg der allgemeinen Orts-KK. an, da Land-KKn. nicht errichtet sind. Soweit indessen an sich landkassenpflichtige Personengruppen (land- und forstwirtschaftliche Arbeiter) schon bisher durch statutarische Bestimmung nach § 2 KVG. der reichsgesetzlichen Versicherung unterworfen waren und einer Orts-KK. angehörten, verblieben sie nach § 243 RVO. bei dieser Orts-KK., wenn dieselbe als besondere Orts-KK. zugelassen wurde. Nur die Hausgewerbetreibenden wurden im Hinblick auf die ausdrückliche Sondervorschrift in § 466 Abs. 1 RVO. sowie mit Rücksicht darauf, daß die Durchführung der besonderen Vorschriften für die Hausgewerbetreibenden die Zugehörigkeit derselben zu einer Land- oder allgemeinen Orts-KK. voraussetzt, sämtlich der allgemeinen Orts-KK. zugewiesen. Außerdem gilt für einzelne Fälle noch der Art. 29 EG. Der § 488 RVO. ist in Württemberg nicht zur Anwendung gelangt. Für Württemberg kommt bei dem Fehlen der Land-KKn. die Kürzung der Leistungen nach § 195 Abs. 2 und §§ 423 bis 425 RVO. sowie die Gewährung der erweiterten Krankenpflege (§§ 426 ff. RVO.), soweit nicht letztere etwa für Dienstboten nach § 437 RVO. beansprucht wird, nicht in Betracht. Für die unständig Beschäftigten war eine besondere Regelung der Meldung und Beitragsleistung auf Grund des § 458 RVO. geplant. Man will nun aber zunächst die Erfahrungen abwarten, die mit der Durchführung der allgemeinen gesetzlichen Vorschriften gemacht werden. Indessen wurden auf Grund des genannten § 458 die Amtskörperschaften und Gemeinden ermächtigt, die Beiträge, die auf die in ihrem Bezirke wohnenden unständig Beschäftigten entfallen, zu übernehmen, so daß unständige Arbeiter selbst gegebenenfalls beitragsfrei wären. Weiter ist gestattet, daß für die hiernach von der Amtskörperschaft oder der Gemeinde übernommenen Versichertenbeiträge sowie für die nach § 453 RVO. von der Amtskörperschaft als dem Gemeindeverbande zu bezahlenden Arbeitgeberbeiträge mit der KK. eine Pauschsumme vereinbart wird.

5. Die Arztfrage hat in Württemberg eine besondere Geschichte. Schon im Jahre 1896 hat das Ministerium des Innern den KKn. das System der freien Arztwahl, d. h. die Freigebung der ärztlichen Behandlung an alle approbierten Ärzte des Kassenbezirkes, welche zur Mitwirkung bei der Behandlung der Kassenmitglieder bereit sind, unter der Voraussetzung der Erfüllung bestimmter, vertragsmäßig festzusetzender Bedingungen empfohlen. Hierdurch wurde das System der sogenannten bedingt freien Arztwahl in Württemberg eingeführt. Im Jahre 1903 wurde den KKn. der Übergang zur freien Arztwahl wiederholt empfohlen, und zwar in der Weise, daß sie nicht mit den einzelnen Ärzten, sondern mit den in dem Kassenbezirke vorhandenen oder neu sich bildenden freien Vereinigungen der Ärzte in ein Vertragsverhältnis treten sollten. Damit ist das System der sogenannten organisierten freien Arztwahl in Württemberg zur Anerkennung gelangt. Die innerhalb der einzelnen Oberamtsbezirke gebildeten freien ärztlichen Vereinigungen schlossen sich zu dem sogenannten Eßlinger Delegierten-Verbande zusammen, der nunmehr die wirtschaftliche Organisation der württembergischen Ärzte darstellt. Die KKn. hatten sich zum großen Teil in dem schon im Jahre 1886 gegründeten Württembergischen Krankenkassen-Verbande zusammengetan, der grundsätzlich alle Krankenkassenarten (Orts-, Betriebs-, Innungs-KKn., Ge-

meindekrankenversicherungen und die bisherigen landesrechtlichen Krankenpflegeversicherungen) als Mitglieder zuließ. Zwischen diesen beiden maßgebenden Landesverbänden wurde im Jahre 1903 die Einrichtung von Schiedsgerichten vereinbart, bei denen staatliche Beamte den Vorsitz übernahmen. Durch einen Vertrag vom Jahre 1907 wurden Revisionseinrichtungen geschaffen, durch die den Kassen ein besonderer Schutz gegenüber einer etwaigen Vielgeschäftigkeit oder einer unwirtschaftlichen Verordnungsweise der Ärzte zuteil wurde. In diesen Einrichtungen haben Vertreter der Ärzte und Kassen in friedlicher und vertrauensvoller Weise zusammengewirkt. Das System entspricht ebensowohl den Bedürfnissen der Versicherten, die sich an den Arzt ihres Vertrauens wenden können, als den berechtigten Standesinteressen der Ärzte, die durch ihre Organisation gegenüber etwaigen unbilligen Zumutungen seitens der Kassen geschützt sind. Die Ärzte nahmen im allgemeinen auch stets die gebotene Rücksicht auf die finanzielle Leistungsfähigkeit der Kassen. Ein stetiges und geordnetes Verhältnis zwischen Ärzten und Kassen wird gerade durch die Organisation gewährleistet. Die ärztliche Organisation ist und fühlt sich der Kasse gegenüber dafür verantwortlich, daß die Ärzte auch die wirtschaftlichen Interessen der Kasse wahren und mit den Kassenmitteln sorgfältig umgehen. Wenn die Kontrolle ihrer Tätigkeit durch ihre eigenen Standesgenossen ausgeübt wird und wenn die eigene Organisation Vorschriften gibt, so fügen sich die Ärzte viel williger und leichter, als wenn die Kasse selbst Maßnahmen trifft. Wenn die Organisation ihre Aufgabe voll erfüllen soll, so muß sie auch die entsprechenden Machtmittel besitzen und in der Lage sein, den unbotmäßigen Arzt nötigenfalls aus der Organisation und damit zugleich von der Kassenpraxis auszuschließen. Das System der freien Arztwahl war nach einer im Sommer 1909 gemachten Erhebung in Württemberg schon so verbreitet, daß es für etwa vier Fünftel der sämtlichen Versicherten galt. (Von 503484 Kassenmitgliedern hatten 395988 freie Arztwahl und nur 107250 besondere Kassenärzte.) Künftig wird die freie Arztwahl noch stärker vertreten sein, da die Gemeindekrankenversicherungen und die landesrechtlichen Krankenpflegeversicherungen, die bisher das Kassenarztsystem verhältnismäßig noch mehr beibehielten als die anderen Kassenarten, beseitigt sein werden.

Aus Anlaß der Neugestaltung der Krankenversicherung und der Versicherungsbehörden durch die RVO. waren auch die Beziehungen zwischen den KKn. und den Ärzten neu zu regeln. Zu diesem Zwecke wurde am 1. Dezember 1913 zwischen den beiden maßgebenden Landesverbänden (Württembergischer Krankenkassen- und Eßlinger Delegierten-Verband) ein neuer Mantelvertrag abgeschlossen, der im wesentlichen folgendes bestimmt:

1. Organisiert freie Arztwahl (Abschluß der Arztverträge zwischen Kassen oder Kassenverbänden und dem örtlichen Ärztevereine, Zulassung aller organisierten und Ausschluß nichtorganisierter Ärzte unter Gestattung von Abweichungen mit Zustimmung des Ärztevereins, Verpflichtung der Ärztevereine für eine entsprechende Zahl von zur Kassenpraxis bereiten Ärzten zu sorgen, andernfalls die Kasse auch Nichtmitglieder des Ärztevereins zulassen kann).

2. Bezahlung entweder nach den Mindestsätzen der staatlichen Gebührenordnung oder nach einem Pauschale. Als Ausgleich für die freie Arztwahl ist bei beiden Zahlungsarten eine Obergrenze festgesetzt:

a) Bei Bezahlung nach den Mindestsätzen der staatlichen Gebührenordnung kann ein Abschlag bis zu 15 % gewährt werden. Der Gesamtbetrag der Arztkosten darf 5 ℳ (bei Familienbehandlung 15 ℳ) für das Kassenmitglied nicht übersteigen; den Ärzten muß jedoch eine Summe von mindestens 80 % der vereinbarten Sätze verbleiben.

b) Bei Bezahlung nach einem Pauschale soll der Satz mindestens 4 ℳ und nicht mehr als 4 ℳ 50 Pf. für den Kopf betragen; bei Familienbehandlung steigert sich der Satz um das $2^{1}/_{2}$ bis 3fache; das Pauschale steigt um jährlich 10 Pf., bei Familienhilfe um 25 bis 30 Pf. (Für den Fall, daß im übrigen Deutschland verhältnismäßig bessere Bedingungen von den Ärzten erreicht werden sollten, ist eine entsprechende Erhöhung der Pauschalsätze in Aussicht genommen.)

Bestimmte ärztliche Leistungen sind besonders (außerhalb des Pauschales) zu bezahlen.

3. Revisionseinrichtungen zur Prüfung der ärztlichen Tätigkeit sowohl auf die Einhaltung der Gebührenordnung oder der sonst vereinbarten Taxen, als auch auf die Entfaltung einer Vielgeschäftigkeit, sowie zur Prüfung der gesamten Rezeptur auf die sparsame Verordnungsweise und die Preisberechnung, wofür die von den Parteien vereinbarte Anleitung zur sparsamen Arzneiverordnung als Richtschnur dient.

4. Zur Schlichtung von Streitigkeiten bestehen zwei Instanzen: Beschwerdeausschuß und Schiedsamt.

a) Ein Beschwerdeausschuß wird in jedem Versicherungsamtsbezirk errichtet. Er besteht aus je 3 Vertretern des örtlichen Ärztevereins und der beteiligten Kassen. Den Vorsitz führt der Vorsitzende des VA. oder sein ständiger Stellvertreter.

Der Beschwerdeausschuß entscheidet über Streitigkeiten zwischen einer Kasse und dem Ärzteverein aus dem Arztvertrage, sowie zwischen einer Kasse und einzelnen Ärzten aus dem Vertragsverhältnis. Er kann ferner bei Streit zwischen einer Kasse und einem Ärzteverein über die Erneuerung des Arztvertrags Vergleichsverhandlungen vornehmen.

b) Das Schiedsamt wird für das ganze Land errichtet. Es besteht aus je 4 Mitgliedern, die von den Ausschüssen des Württ. Krankenkassen- und des Eßlinger Delegierten-Verbandes ernannt werden, ferner aus dem den Vorsitz führenden Direktor des OVA. und einem weiteren von dem Direktor zu bestimmenden Mitglied dieses Amtes.

Das Schiedsamt entscheidet über Berufungen gegen Entscheidungen der Beschwerdeausschüsse, sodann als einzige Instanz in Streitigkeiten zwischen den Vertragsparteien über den Inhalt und die Erfüllung des Mantelvertrags, ebenso in Streitigkeiten zwischen Kassen und Ärztevereinen über den Neuabschluß von Arztverträgen.

Eine besondere Regelung ist für den Fall getroffen, daß der zwischen den maßgebenden Landesverbänden bestehende Mantelvertrag, der zunächst bis 31. Dezember 1918 läuft, gekündigt wird und eine Einigung über die Vertragserneuerung nicht zustande kommt. In diesem Falle findet zunächst eine Einigungsverhandlung vor dem Schiedsamt statt. Führt diese Verhandlung zu keiner Einigung, so trifft das Schiedsamt eine Entscheidung. Diese Entscheidung kann das Rechtsverhältnis zwischen den Verbänden bis auf die Dauer von zwei Jahren regeln. Tritt sie außer Wirkung, ohne daß sich die Parteien über einen neuen Vertrag geeinigt haben, so fällt das Schiedsamt eine erneute Entscheidung. Diese bindet zwar die Parteien nicht, sie wird aber von dem Schiedsamt im „Staatsanzeiger für Württemberg" veröffentlicht. In den hier bezeichneten besonderen Fällen wird das ordentliche Schiedsamt noch durch den Berichterstatter des Ministeriums des Innern für soziale Angelegenheiten und ein vom Medizinalkollegium abzuordnendes ärztliches Mitglied verstärkt.

Die Landesverbände haben sich verpflichtet, den ihnen angehörenden Kassen und Ärztevereinen die Durchführung der Bestimmungen des Mantelvertrags aufzuerlegen sowie auch auf die ihnen nicht angehörenden Kassen und Ärzte im Sinne dieses Vertrags einzuwirken.

Die Regelung der Zahntechnikerfrage erfolgte im Anschluß an das Landesrecht. In dem württ. Oberamtsarztgesetz ist bestimmt, daß die mit der Ausübung der Heilkunde sich befassenden nicht approbierten Personen gewisse Geschäftsbücher zu führen haben. Von dieser Verpflichtung kann das Ministerium des Innern solche ausschließlich die Zahnheilkunde ausübende Zahntechniker befreien, die die Erstehung einer Prüfung an einer vom Ministerium anerkannten Fachschule oder eine ausreichende praktische Ausbildung nachweisen. Das Ministerium hat hierauf die Mitglieder der „Vereinigung württembergischer Dentisten, E. V." von dem Buchführungszwange befreit. Nach der Satzung dieser Vereinigung, deren Änderung jeweils der Genehmigung des Medizinalkollegiums bedarf, ist für die Mitglieder eine ausreichende praktische Ausbildung sowie ein einwandfreies Geschäftsgebaren gewährleistet. Bei Geschäftsankündigungen und dergleichen darf auf die Befreiung vom Buchführungszwange nicht hingewiesen werden. Sonstige Befreiungen werden nach Prüfung der individuellen Verhältnisse von Fall zu Fall gewährt. Es legte sich nun von selbst nahe, die hiernach landesrechtlich privilegierte Gruppe von Zahntechnikern auf Grund des § 123 RVO. auch als Zahntechniker für die Reichsversicherung anzuerkennen, was denn auch durch die Verfügung des Ministeriums des Innern zum Vollzug des § 123 RVO. vom 20. September 1913 (RegBl. S. 239) geschehen ist. In dieser Verfügung ist weiter noch bestimmt, daß die Zahntechniker bei Zahnkrankheiten mit Ausschluß von Mund- und Kieferkrankheiten auch ohne Zustimmung des Versicherten selbständige Hilfe leisten können, soweit nicht das OVA. ein Bedürfnis hierfür in einzelnen Versicherungsamtsbezirken verneint hat. Das OVA. kann das Bedürfnis für solche Bezirke verneinen, in denen eine genügende Zahl von Zahnärzten vorhanden ist, die zu angemessenen Bedingungen die zahnärztliche Behandlung der Versicherten zu übernehmen bereit sind. Das OVA. hat seine Entscheidung im Benehmen mit dem Medizinalkollegium zu treffen. Vor der Entscheidung sind der Oberamtsarzt, das VA. (Beschlußausschuß) sowie der Verein Württembergischer Zahnärzte und die Vereinigung württembergischer Dentisten zu hören.

Auf Grund des § 122 Abs. 2 RVO. ist sodann noch bestimmt worden, daß die noch vorhandenen Wundärzte II. Abteilung innerhalb des Rahmens der ihnen erteilten Ermächtigung selbständige ärztliche Hilfe leisten können. Im übrigen sind nichtapprobierte Personen (Heildiener und Heilgehilfen) zur selbständigen Hilfeleistung nicht ermächtigt worden.

Für den von den Apotheken den KKn. zu gewährenden Abschlag von den Preisen der Arzneitaxe ist eine Abstufung je nach der Höhe des Umsatzes in folgender Weise vorgesehen:

Die Abschläge betragen bei vierteljährlichen Lieferungsbeträgen:

bis zu 400 ℳ: 5%,
über 400 bis zu 700 ℳ: 10%,
über 700 bis zu 1000 ℳ: 15%,
über 1000 ℳ: 20%.

Die höheren Abschläge kommen je für die überschießenden Beträge in Anrechnung. Der Bemessung der Abschläge werden die gesamten Lieferungen einer Apotheke an KKn. zu Grunde gelegt. Jedoch bleiben Lieferungen für einzelne Kassen, die im Vierteljahre nicht mehr als 60 ℳ betragen, bei der Berechnung des Gesamtabschlags außer Betracht; für diese Lieferungen ist gleichmäßig ein Abschlag von 5% zu gewähren. Bei Verteilung des Gesamtabschlags auf die einzelnen Kassen (d. h. bei der Feststellung des durchschnittlichen Rabattsatzes) ist nur mit vollen Hundertteilen (Prozenten) zu rechnen. Bruchteile, die sich bei der Feststellung des Gesamtabschlags ergeben, sind bei mehr als 0,5 % nach oben, andernfalls nach unten abzurunden. Die Abschläge vermindern sich je auf ein Fünftel, wenn die Bezahlung nicht innerhalb zweier Monate nach Einreichung der Rechnung an den Kassenvorstand erfolgt. (Die vollständige Versagung des Abschlags in solchen Fällen erschien mit dem Wortlaut des § 376 Abs. 1 RVO nicht ganz vereinbar.) Für fabrikmäßig hergestellte Zubereitungen im Sinne der Nr. 21 der Arzneitaxe, einschließlich des Serum antidiphtericum, Serum antitetanicum und des Tuberculinum, sowie für die Handverkaufsartikel ist ein Abschlag nicht zu gewähren. Die Abstufung des Abschlags nach der Höhe der Umsätze und die damit zusammenhängende Berechnung des Abschlags nach dem Gesamtbetrage der Kassenlieferungen der einzelnen Apotheken ist im Interesse der kleineren Landapotheken bestimmt worden. Die Bestimmung kommt auch den kleineren KKn. insofern zugute, als sie dieselben Abschläge erhalten wie die großen Kassen.

Mit der Festsetzung der Handverkaufsliste ist das OVA. betraut worden, das eine einheitliche Liste für das ganze Land aufgestellt hat.

Auch für den Erlaß einer Anordnung im Sinne des § 376 Abs. 3 RVO. ist das OVA. zuständig, das jedoch von dieser Befugnis zunächst keinen Gebrauch gemacht hat.

5. Die Organisation in Baden.
Von Ministerialrat Franz, Karlsruhe.

Im Großherzogtum Baden waren bisher nach dem Stande vom Jahre 1911 durchschnittlich tätig 409 Gemeindekrankenversicherungen mit über 130000 Mitgliedern, 147 Orts-KKn. mit nahezu 275000 Mitgliedern, 396 Betriebs-KKn. mit nahezu 150000 Mitgliedern, 5 Bau-KKn. mit etwa 1100 Mitgliedern, 14 Innungs-KKn. mit über 7000 Mitgliedern, 37 eingeschriebene Hilfskassen mit über 12000 Mitgliedern und 2 landesrechtliche Hilfskassen gemäß § 75 Abs. 4 KVG. mit etwa 850 Mitgliedern.

Insgesamt waren im Jahre 1911 in Baden 1010 Versicherungseinrichtungen mit rund 577300 Versicherten vorhanden.

Meist bestanden in den einzelnen Amtsbezirken Orts-KKn. und Gemeindekrankenversicherungen nebeneinander. In 8 von den insgesamt 53 Amtsbezirken des Landes bestanden dagegen nur Orts-KKn., umgekehrt in 16 anderen Amtsbezirken nur Gemeindekrankenversicherungen. Häufig hatten sich gemäß § 12 KVG. mehrere Gemeinden durch übereinstimmende Beschlüsse zu gemeinsamer Gemeindekrankenversicherung vereinigt, die oft sämtliche Gemeinden eines ganzen Amtsbezirkes umfaßte. Ebenso erfolgte schon bisher häufig gemäß § 16 Abs. 4 und § 43 KVG. die Errichtung gemeinsamer Orts-KKn., die sich gleichzeitig auf alle versicherungspflichtigen Gewerbe und auf mehrere Gemeinden, ja bisweilen sogar auf sämtliche Gemeinden des ganzen Amtsbezirkes erstreckten. Orts-KKn., die sich nur auf ein bestimmtes Gewerbe bezogen, gab es in Baden fast nur in den größeren Städten.

Die Einführung der RVO. bedeutet auch für Baden eine erhebliche Verringerung der Zahl der Versicherungseinrichtungen und damit eine erwünschte Zentralisation des Krankenkassenwesens. Die Zahl der versicherungspflichtigen Personen erhöht sich durch die Einführung der RVO. in Baden nicht sehr erheblich, weil hier die in der Land- und Forstwirtschaft beschäftigten Arbeiter und Betriebsbeamten sowie die Dienstboten schon bisher durch Landesgesetz für versicherungspflichtig erklärt waren; ihre Versicherung erfolgte je nach den örtlichen Verhältnissen bei der Gemeindekrankenversicherung oder einer gemeinsamen Orts-KK. Hiernach werden durch die RVO. in Baden der Versicherungspflicht neu zugeführt lediglich die Gehilfen und Lehrlinge in Apotheken, Bühnen- und Orchestermitglieder, Lehrer und Erzieher, Hausgewerbtreibende — letztere waren übrigens schon bisher in 7 Bezirken statutarisch der Versicherungspflicht unterworfen —, die unständig und die im Wandergewerbe Beschäftigten sowie die ohne Entgelt beschäftigten Lehrlinge, endlich infolge der Ausdehnung der Versicherungsgrenze von 2000 auf 2500 ℳ Jahresarbeitsverdienst eine Anzahl weiterer Personen.

Der Umstand, daß die land- und forstwirtschaftlichen Arbeiter und Betriebsbeamten sowie die Dienstboten in Baden bereits versicherungspflichtig waren, war einer der Hauptgründe, welche dazu führten, von der in § 227 RVO. gewährten Befugnis Gebrauch zu machen und durch das badische Ausführungsgesetz vom 22. Juni 1912 zu bestimmen, daß im Großherzogtum Baden die Errichtung von Land-KKn. für das ganze Staatsgebiet ausgeschlossen ist. Denn da die genannten Personen in vielen Bezirken den Orts-KKn. zugeteilt waren, so fehlte es an einem hinreichenden Grunde dafür, diese Personen künftig statt der Orts-KK. einer Land-KK. zuzuweisen. Auch sind in Baden rein landwirtschaftliche Bezirke ohne einen starken Einschlag gewerblicher Arbeiter nur noch wenige vorhanden, und auch in diesen macht die Mischung mit gewerblichen Arbeitern immer weitere Fortschritte. Überdies ist eine Gewähr dafür, daß in diesen Bezirken mit beruflich gemischter Bevölkerung auch die Interessen der Landwirtschaft und der darin beschäftigten Arbeiter zur Geltung kommen können, dadurch gegeben, daß nach § 15 RVO. die Vertreter der Arbeitgeber und der Versicherten nach den Grundsätzen der Verhältniswahl zu wählen sind. Im übrigen war auch nicht anzunehmen, daß die Land-KKn. in Baden häufig von der ihnen in der RVO. verliehenen Befugnis Gebrauch gemacht hätten, ihre Kassenleistungen gegenüber denen der allgemeinen Orts-KK. zu mindern oder zu ändern; denn die in Betracht kommenden land- und forstwirtschaftlich beschäftigten Arbeiter und die Dienstboten hätten, soweit sie einer Orts-KK. angehörten, nach Art. 29 des EG. z. RVO. bei dieser verbleiben können und hätten dies auch wohl regelmäßig vorgezogen, wenn sie durch die Satzung den besonderen Bestimmungen der §§ 423 ff. RVO. in den Land-KKn. hätten unterworfen werden sollen. Dieser Umstand hätte voraussichtlich dazu beigetragen, daß für Land-KKn. von solchen Sonderbestimmungen abgesehen worden wäre; dann aber wäre hinsichtlich der Leistungen und Beiträge überhaupt kein Unterschied zwischen ihnen und den Orts-KKn. gewesen.

Dem Bestreben nach möglichster Vereinheitlichung des Kassenwesens, das bereits in dem Ausschluß der Land-KKn. deutlich geworden ist, gibt § 3 der badischen Vollzugsverordnung vom 2. Juni 1913 noch besonders Ausdruck, indem er zwecks Schaffung größerer und leistungsfähigerer Träger der Krankenversicherung bestimmt, daß für jeden Amtsbezirk in der Regel nur eine allgemeine Orts-KK. zu errichten ist und daß nur mit Genehmigung des Ministeriums des Innern in größeren Amtsbezirken oder beim Vorliegen besonderer Verhältnisse auch mehrere allgemeine Orts-KKn. errichtet werden dürfen.

Der Amtsbezirk ist ausnahmslos auch zugleich der Bezirk eines VA., so daß in Baden insgesamt 53 VÄ. bestehen. Bei der Bestimmung des „Gemeindeverbandes" im Sinne des 2. Buches der RVO. ging man von der Erwägung aus, daß die Amtsbezirke, abgesehen von geringfügigen Ausnahmen, nur staatliche Verwaltungsbezirke und nicht Kommunalverbände mit Körperschaftsberechtigung sind, und sah infolgedessen davon ab, die Amtsbezirke als Gemeindeverbände im Sinne des 2. Buches der RVO. zu bestimmen. Da auch die Kreise sich für die hier in Betracht kommenden Aufgaben weniger eignen, andere Gemeindeverbände aber nicht bestehen, so wurde in Anwendung der § 111 Abs. 1 Nr. 2 und §§ 526, 527 RVO. durch § 2 der genannten Vollzugsverordnung als Gemeindeverband die einzelne Gemeinde bestimmt, sofern der Bezirk der Orts-KK. nicht über den der Gemeinde hinausgeht, während andernfalls die zu einem Kassenbezirke gehörenden Gemeinden und abgesonderten Gemarkungen zu einem Zweckverbande zusammengeschlossen werden. Für zuständig zu den diesen Verbänden obliegenden Befugnissen ist erklärt im ersteren Falle der Gemeinderat (in gewissen Fällen mit Zustimmung der Gemeindevertretung), im letzteren Falle der Bezirksrat nach Anhörung der Gemeinderäte der beteiligten Gemeinden.

Die oben erwähnte Bestimmung des § 3 der Vollzugsverordnung, wonach für den Amtsbezirk regelmäßig nur eine allgemeine Orts-KK. zu errichten ist, gilt nur für die Errichtung einer allgemeinen Orts-KK., nicht dagegen für die Ausgestaltung bestehender gemeinsamer Orts-KKn. zu allgemeinen Orts-KKn.

Die Ausgestaltung bereits bestehender gemeinsamer Orts-KKn. zu allgemeinen Orts-KKn. spielte auch in Baden eine besonders große Rolle. Da nach den von den Bezirksämtern eingereichten Organisationsplänen nämlich in einer ganzen Reihe von Amtsbezirken, in denen gemeinsame Orts-KKn. (§ 16 Abs. 4, § 43 KVG.) bestanden, die Ausgestaltung dieser Orts-KKn. zu allgemeinen Orts-KKn. (Art. 15 EG. z. RVO.) an Stelle der Errichtung neuer allgemeiner Orts-KKn. in Frage kam, so wurde vom Ministerium nähere Weisung hierüber in folgendem Sinne erteilt: Grundsätzlich wurde daran festgehalten, daß die Befugnis des Gemeinde-(Zweck-)verbandes, eine allgemeine Orts-KK. zu errichten, dem Rechte bestehender gemeinsamer Orts-KKn. auf Ausgestaltung vorgeht (§ 22 Abs. 1 Satz 2 der badischen Vollzugsverordnung). Indes erschien es mit Rücksicht auf die besonderen Verhältnisse, wie sie sich in einer Anzahl von Amtsbezirken infolge des Vorhandenseins gut verwalteter und leistungsfähiger gemeinsamer Orts-KKn. entwickelt hatten, vielfach zweckmäßig, von der Errichtung neuer allgemeiner Orts-KKn. zugunsten der Ausgestaltung bestehender gemeinsamer Orts-KKn. abzusehen. In dieser Hinsicht war zu beachten, daß diese bestehenden gemeinsamen Orts-KKn., auch wenn ihnen nach der Satzung alle krankenversicherungspflichtigen Personen angehörten, bis zum 31. Dezember 1912 den Antrag auf Zulassung als „besondere" Orts-KKn. im Sinne der §§ 239 ff. RVO. stellen konnten. Da diesem in zahlreichen Fällen gestellten Antrag beim Vorliegen der Voraussetzungen des § 240 RVO. hätte stattgegeben werden müssen, so hätte es, wenn außerdem in dem betreffenden Amtsbezirke noch eine allgemeine Orts-KK. errichtet worden wäre, häufig die unerwünschte Folge ergeben, daß für das gleiche räumliche Gebiet 2 Orts-KKn. bestanden hätten, von denen die eine (besondere) für alle ihr nach ihrer Satzung zugehörigen, bisher versicherungspflichtigen Versicherten zuständig gewesen wäre, während der verhältnismäßig sehr kleine Kreis der nach der RVO. neu der Versicherungspflicht unterworfenen Personen der allgemeinen Orts-KK. hätte angehören müssen, da der Mitgliederkreis der besonderen Orts-KKn. nach § 243 RVO. nicht erweitert werden durfte. Um dies zu verhüten, wurde für solche Fälle empfohlen, die bestehenden gemeinsamen Orts-KKn. zu allgemeinen Orts-KKn. auszugestalten, anstatt neue allgemeine Orts-KKn. zu errichten. Wenn mehrere gemeinsame Orts-KKn. vorhanden waren, die den Voraussetzungen des Art. 15 Abs. 2 EG. z. RVO. entsprachen, so sollte die Gemeinde bzw. der Bezirksrat aussprechen, zugunsten welcher von diesen Kassen sie auf ihr Recht zur Neuerrichtung einer allgemeinen Orts-KK. verzichten wollten. Dabei sollte weniger auf die Größe der Kasse als auf ihre Leistungsfähigkeit und die Güte ihrer Verwaltung Wert gelegt werden. Die hiernach bestimmte gemeinsame Orts-KK. war sodann durch entsprechende Änderung der Satzungen zur allgemeinen Orts-

KK. auszugestalten, während die übrigen gemeinsamen Orts-KKn. als besondere Orts-KKn. bestehen blieben, falls dies nach den §§ 239 ff. RVO. zulässig und der Antrag auf Zulassung rechtzeitig gestellt worden war.

Wenn eine gemeinsame Orts-KK. nach Art. 17 und 21 des EG. z. RVO. als besondere Orts-KK. zugelassen war, so stand nichts im Wege, sie auch noch nach Ablauf der Frist des Art. 21 zur allgemeinen Orts-KK. auszugestalten, falls die Verhandlungen über die neue Organisation der KKn. im Bezirke des VA. zu dem Ergebnis führten, daß dies zweckmäßig sei.

Was die Voraussetzungen der Zulassung bestehender Orts-KKn. als „besondere" Orts-KKn. anlangt, so ging man von folgenden Grundsätzen aus:

Für die besonderen Orts-KKn. schreibt § 240 Nr. 2 RVO. als Zulassungsbedingung u. a. vor, daß ihr Fortbestand den Bestand oder die Leistungsfähigkeit der allgemeinen Orts-KK. des Bezirkes nicht gefährden dürfe. Nach § 242 RVO. gilt die allgemeine Orts-KK. insbesondere dann als gefährdet, wenn die Zahl der Mitglieder, die ihr bei Zulassung besonderer Orts-KKn. verbleiben würden, nicht mindestens 250 beträgt. Diese Vorschrift schließt indessen nicht aus, daß auch bei einer größeren Mitgliederzahl für die allgemeine Orts-KK. eine Gefährdung als vorliegend zu erachten ist. Eine solche Gefährdung kann insbesondere dann angenommen werden, wenn durch die Zulassung der betreffenden Kasse der allgemeinen Orts-KK. die guten Risiken entzogen oder der letzteren im wesentlichen nur die an sich Landkrankenkassenpflichtigen (§ 235 RVO.) verbleiben würden oder wenn durch die Zulassung der besonderen Orts-KK. der Bezirk der allgemeinen Orts-KK. in einer für die Kassenverwaltung ungünstigen Weise durchbrochen würde.

Auf Grund der genannten Vorschriften ist auf 1. Januar 1914 in 31 von den 53 Amtsbezirken je eine allgemeine Orts-KK. neu errichtet worden; diese erstreckt sich in 22 Fällen auf den gesamten Amtsbezirk. In weiteren 2 Amtsbezirken sind statt einer je zwei allgemeine Orts-KKn. errichtet worden. Bereits bestehende gemeinsame Orts-KKn. wurden zu allgemeinen Orts-KKn. ausgestaltet in 31 Amtsbezirken, davon in 9 Bezirken neben einer, in 2 Bezirken neben 2 neu errichteten allgemeinen Orts-KKn. Nur in 6 Fällen sind 2 solche Kassen in dem Amtsbezirk ausgestaltet worden, in 3 Fällen teilt sich der Amtsbezirk in 3 solche Kassen, und in einem weiteren Amtsbezirke bestehen 9 ausgestaltete Orts-KKn.

Besondere Orts-KKn. wurden nur in 3 Amtsbezirken zugelassen.

Nach der Neugestaltung ist in 37 von den 53 Amtsbezirken des Großherzogtums nur eine allgemeine Orts-KK. vorhanden, neben welcher nur in 1 Amtsbezirke besondere Orts-KKn. (2) bestehen. In 6 Bezirken werden 2 allgemeine Orts-KKn. bestehen, in 9 Bezirken 3 (in 2 davon außerdem noch besondere Orts-KKn., und zwar 4 und 3), und nur in einem Bezirke werden 10 allgemeine Orts-KKn. vorhanden sein.

Der Gesamtbestand der Krankenkassen am 1. Januar 1914 ist in Baden folgender:

86 allg. Orts-KKn.	mit rund	417 000	Mitgl.
9 besond. „	„ „	31 350	„
261 Betriebs-KKn.	„ „	153 430	„
19 Innungs-KKn.	„ „	9 600	„
zus. 375 KKn.	mit rund	611 380	Mitgl.

Da für das Gebiet des Großherzogtums 4 OVÄ. (entsprechend den bisherigen 4 Schiedsgerichten für Arbeiterversicherung) errichtet sind, bleibt nach dem badischen Ausführungsgesetze das für das Gebiet des Großherzogtums errichtete LVA. bestehen.

Im einzelnen hat das Ministerium zu folgenden Fragen Stellung genommen:

1. Es konnte zweifelhaft sein, ob nach Art. 15 Abs. 2 EG. z. RVO. nur solche bisherige gemeinsame Orts-KKn., deren Bezirk sich mit dem Bezirke der demnächstigen allgemeinen Orts-KK. deckt, ausgestaltet werden dürfen. Das Ministerium verneint dies in § 22 Abs. 2 seiner Vollzugsverordnung und läßt mit Genehmigung des OVA. sowohl eine Vergrößerung wie auch eine Verkleinerung des Kassenbezirkes — innerhalb des Bezirkes des VA. — zu.

2. Soll eine gemeinsame Orts-KK. gemäß Art. 15 EG. z. RVO. zu einer allgemeinen Orts-KK. ausgestaltet werden, so ist es nicht nötig, daß sie gemäß Art. 17 EG. z. RVO. rechtzeitig den Antrag auf Zulassung gestellt hat. Sie muß aber gemäß Art. 21 EG. rechtzeitig ihre Satzungen mit den Vorschriften der RVO. in Einklang gebracht haben. Den das Zulassungsverfahren regelnden Bestimmungen der §§ 17—20 EG. z. RVO. unterliegen vielmehr nur diejenigen Kassen, die überhaupt einer „Zulassung" bedürfen, d. s. die besonderen Orts-KKn., die Betriebs- und die Innungs-KKn.

3. Die Frage, ob bei Berechnung der Mindestzahl, die für die Zulassung als besondere Orts-KK. oder als Betriebs-KK. erforderlich ist (§ 240 Nr. 1 und § 255 Nr. 1 RVO.), nur die Pflichtmitglieder oder auch die freiwilligen Mitglieder zu zählen sind, hat eine allgemeine ausdrückliche Regelung nicht erfahren. Lediglich in einem Einzelfalle hat sich das Ministerium mit Erlaß vom 24. April 1913 Nr. 15287 der im preuß. Erlasse vom 18. Januar 1913 vertretenen Ansicht angeschlossen, daß auch die freiwilligen Mitglieder mitzuzählen sind.

4. Hinsichtlich der Anwendung der Vorschriften über die Gleichwertigkeit der Leistungen bei den KKn. (§§ 259—263 in Verbindung mit § 240 Nr. 3, § 248 Nr. 2, § 255 Abs. 1 Nr. 2, § 256 Abs. 1 RVO.) sind die VÄ. angewiesen, im Sinne des Schreibens des Reichsamts des Innern vom 15. Juli 1913 II Nr. 5404 zu verfahren.

5. Bei Ausgestaltung bestehender gemeinsamer Orts-KKn. zu allgemeinen Orts-KKn. durch Anpassung der Satzung an die Vorschriften der RVO.

erfolgt die Satzungsänderung nach den bisherigen Vorschriften, also durch die seitherige Generalversammlung (§ 36 Nr. 3 KVG.) in der Form, wie sie das KVG. vorschreibt; § 345 RVO. findet keine Anwendung, da ein Kassenausschuß nach dieser Vorschrift noch nicht besteht.

6. Nach § 333 Abs. 2 RVO. ist die erste Wahl nach Errichtung einer Orts-KK. von einem Vertreter des VA. zu leiten, spätere nur, wenn kein Vorstand vorhanden ist. Hieraus ergibt sich für die VÄ. die Pflicht, sowohl die Wahl zum Ausschuß als auch die Wahl zum Vorstand der errichteten allgemeinen Orts-KKn. durch einen Beauftragten des VA. leiten zu lassen. Die genannte Vorschrift bezieht sich aber nicht auch auf die Wahl der Organe der zu allgemeinen Orts-KKn. ausgestalteten Kassen; die letzteren Wahlen sind vielmehr nach § 333 Abs. 1 RVO. durch den Vorstand der bestehenden Kasse zu leiten.

7. Von der Befugnis des § 503 Abs. 2 RVO., die Mindestzahl der Mitglieder bei Ersatzkassen auf 250 herabzusetzen, hat das Ministerium nur in einem Falle Gebrauch gemacht.

8. Bei Berechnung der Mindestzahl der Mitglieder der besonderen Orts-KKn. und der Betriebs-KKn. (§ 240 Nr. 1, § 255 Abs. 1 Nr. 1, § 241 RVO.) wurde regelmäßig der Durchschnitt der Kalenderjahre 1910, 1911 und 1912 zugrunde gelegt, wobei für jedes Kalenderjahr der Jahresdurchschnitt eingesetzt wurde. —

Hinsichtlich der unständig Beschäftigten bestimmt die badische Vollzugsverordnung, daß die allgemeine Orts-KK. über sie, für jede Gemeinde (Zahlstelle) getrennt, ein Mitgliederverzeichnis nach der Buchstabenfolge zu führen und laufend zu halten hat.

Bei der polizeilichen Anmeldung der nach § 165 RVO. Versicherungspflichtigen hat die Ortspolizeibehörde festzustellen, ob der Anzumeldende eine unständige Beschäftigung ausübt und nicht schon Mitglied einer KK. ist. Zutreffendenfalls hat ihn die Ortspolizeibehörde (Meldebureau) der allgemeinen Orts-KK. (örtliche Zahlstelle) zur Eintragung in das Verzeichnis der unständig Beschäftigten zu melden. Das VA. kann über diese Meldungen der Ortspolizeibehörde nach Anhörung der allgemeinen Orts-KK. und der LVAnst. nähere Vorschriften erlassen, insbesondere Vordrucke einführen.

Die Ortspolizeibehörde hat auf Verlangen der Orts-KK. dabei mitzuwirken, das Verzeichnis der unständig beschäftigten Mitglieder auf seine Vollständigkeit zu prüfen und laufend zu halten.

Die unständig Beschäftigten sind von der Ortspolizeibehörde periodisch öffentlich aufzufordern, sich bei der zuständigen KK. anzumelden.

Hinsichtlich der Entrichtung der Beiträge ist in der Vollzugsverordnung vom 2. Juni 1913 entsprechend der Regelvorschrift des Gesetzes (§ 450 Abs. 4 RVO.) bestimmt worden, daß die unständig Beschäftigten ihren Beitragsanteil selbst bezahlen müssen, während hinsichtlich der Beitragsteile der Arbeitgeber nach §§ 453, 454 zu verfahren ist. Kommt ein Arbeitnehmer seiner Verpflichtung nicht nach, so hat er die Rechtsnachteile des § 452 RVO. zu gewärtigen.

Bezüglich der ärztlichen Behandlung der Krankenkassenmitglieder ist zwischen der Ärztlichen Landeszentrale für Baden und der Freien Vereinigung badischer Krankenkassen ein Vertragsmuster als sog. Mantelvertrag vereinbart worden. Dieser Vereinbarung sind fast alle badischen Krankenkassenverbände beigetreten, so daß in Baden voraussichtlich bei den meisten Krankenkassen die Bestimmung in Ziffer 7 des Berliner Abkommens vom 23. Dezember 1913 in Anwendung kommen wird.

Die hauptsächlichsten Bestimmungen des Mantelvertrags sind folgende:

„§ 1. Kassenärzte.

1. Als Kassenärzte im Bezirke ...... sind diejenigen Ärzte bestellt, welche für den betr. Ort des Bezirkes auf die Liste der Kassenärzte gesetzt sind.

2. Die Kassenarztliste nebst der Einteilung der Kurbezirke wird bis spätestens 15. Dezember jeden Jahres von der Krankenkassenkommission des Ärztevereins (*KKK.*) aufgestellt und der Kasse überreicht. Die Kasse hat das Recht,

a) gegen die Zulassung eines Arztes Einspruch zu erheben;

b) die Zulassung eines nicht auf der Liste stehenden Arztes zu verlangen, wenn er sich zur Unterschrift der Vollmacht und Verpflichtung gemäß Ziff. 7 bereit erklärt;

c) eine andere Einteilung der Kurbezirke zu fordern.

Im Streitfalle wird gemäß § 15 endgültig entschieden.

Auf Verlangen der Kasse ist dieselbe auch vorher über die Aufstellung der Arztliste zu hören.

3. Nicht zuzulassen sind Ärzte, deren Verhalten gegenüber der Krankenkasse oder den Ärzten ein derartiges gewesen ist, daß der Krankenkasse oder den Ärzten ein Zusammenarbeiten mit ihnen nicht zugemutet werden kann oder gegen deren Person ein wichtiger Grund vorliegt.

4. Wegen seiner wissenschaftlichen Richtung an sich darf einem Arzte die Zulassung zur Kassenpraxis nicht grundsätzlich versagt werden.

5. Die Streichung eines Arztes von der Liste der Kassenärzte kann — vorbehaltlich der Bestimmungen unter § 15 — aus den gleichen Gründen erfolgen, die für die Nichtzulassung maßgebend sind.

6. Die *KKK.* ist verpflichtet, auch während des Kalenderjahres jede Änderung der Liste, wie Zugang oder Wegfall eines Kassenarztes, Änderungen der Sprechstunde usw., der Kasse rechtzeitig mitzuteilen.

7. Jeder Kassenarzt hat vor der Zulassung der *KKK.* gegenüber sich unterschriftlich zu verpflichten, daß er die Bestimmungen der von der *KKK.* ab-

geschlossenen Verträge oder dieses Vertrages und der kassenärztlichen Instruktion als verbindlich anerkennt und die *KKK.* zu seiner Vertretung der Kasse gegenüber bevollmächtigt.

Wo es die örtlichen Verhältnisse angezeigt erscheinen lassen, ist auch der Kasse auf Verlangen eine Erklärung des Kassenarztes gemäß Ziff. 7 einzuhändigen.

8. Die Versicherten haben unter den für ihren Ort gemeldeten Kassenärzten nach Maßgabe der Kassenarztliste die freie Wahl. Für die Sprechstundenberatung bei anderen Ärzten gilt § 6 Ziff. 3.

9. Die Spezialärzte sind als Kassenärzte den praktischen Ärzten gleichgestellt.

10. Ein Wechsel des Arztes während derselben Krankheit ist nur mit Zustimmung des ersten Arztes und der Kasse gestattet.

11. Das alphabetische Verzeichnis der Kassenärzte muß — nach den Kurbezirken geordnet — jedem Kassenmitglied vorgelegt werden. Eei Erkundigung seitens eines Versicherten oder dessen Beauftragten darf nur auf dieses Verzeichnis verwiesen werden. Die freie Wahl unter den Kassenärzten darf durch die Kasse und deren Organe in keiner Weise beeinflußt werden. Als Spezialärzte dürfen auf dem Verzeichnis nur diejenigen Ärzte und für diejenige Spezialität bezeichnet sein, welche die *KKK.* gemeldet hat. Kennzeichnungen einzelner Namen sind unstatthaft.

12. Der Arzt ist nicht verpflichtet, die häusliche Behandlung eines Kranken (bzw. anspruchsberechtigten Angehörigen), dessen Wohnung außerhalb seines Kurbezirks liegt, zu übernehmen.

13. Andere Ärzte als die in dem Verzeichnis aufgeführten und im Laufe des Jahres von der *KKK.* gemeldeten dürfen zur Tätigkeit bei den Mitgliedern (und kurberechtigten Angehörigen) auf Kassenkosten nicht zugelassen werden, außer in dringenden Fällen.

14. Nichtärzte dürfen während der Dauer dieses Vertrags nicht zur selbständigen Behandlung der Kranken auf Kassenkosten zugelassen werden.

15. Vereinbarungen der Kasse wegen Zahnbehandlung bleiben von diesem Vertrage unberührt.

§ 5. Krankenhausbehandlung.

1. Wenn die Kasse Anstaltsbehandlung gewährt, so steht den Kassenmitgliedern (und anspruchsberechtigten Familienangehörigen) die Wahl unter den zugelassenen Krankenanstalten frei.

Als zugelassen gelten:

a) Krankenanstalten und Privatkliniken, welche mit der Kasse eine Vereinbarung getroffen haben.

b) Öffentliche Krankenhäuser, d. h. solche Krankenhäuser, die lediglich zu wohltätigen oder gemeinnützigen Zwecken bestimmt sind, sowie Privatkliniken der Vertragsärzte, sämtlich, wenn sie, ohne eine Vereinbarung mit der Kasse getroffen zu haben, die Krankenhauspflege zu den gleichen Bedingungen wie jene zu leisten bereit sind und nicht aus einem triftigen Grunde mit Zustimmung der *KKK.* ausgeschlossen werden.

c) Wenn der Versicherte die Mehrkosten übernimmt, kann er auch eine Klinik eines Vertragsarztes wählen, die die Krankenhauspflege nicht zu den gleichen Bedingungen wie die Vertragskrankenhäuser zu leisten bereit ist, vorausgesetzt, daß ihre Wahl nicht sonst aus einem triftigen Grunde mit Zustimmung der *KKK.* ausgeschlossen ist.

2. Wenn die Krankenhausordnung bestimmt, daß Patienten der I. und II. Verpflegungsklasse das Arzthonorar selbst bezahlen müssen, so soll diese Bestimmung einem Kassenmitgliede oder versicherten Angehörigen gegenüber nur geltend gemacht werden, wenn es vor der Aufnahme in die höhere Klasse durch den Arzt oder ein Organ des Krankenhauses auf die Bestimmung hingewiesen wurde.

3. In der Wahl der zugelassenen Krankenhäuser und Privatkliniken dürfen die Versicherten seitens des Kassenvorstandes oder der Kassenbeamten nicht beeinflußt werden.

§ 6. Honorar für die Versicherten der Kasse.

(Bei Pauschale.)

Als Honorar wird vergütet:

1. Am Wohnort des Arztes:

a) für die einfachen Besuche und Beratungen (Pos. 1, 2 und 3 der kassenärztlichen Gebührenordnung für Baden) ein Pauschale, welches pro Kopf und Jahr des versicherten Einzelmitglieds 6.— ℳ, für die versicherte Familie einschließlich des Oberhaupts 18.— ℳ beträgt.

b) für die übrigen Leistungen die Sätze der kassenärztlichen Gebührenordnung für Baden.

Grundsätze hierzu:

1. Dieses Pauschale gilt immer bei Einbeziehung der Spezialärzte, sofern sich nicht nach Grundsatz 4 eine höhere Gebühr ergibt.

2. Unter Berücksichtigung der örtlichen Verhältnisse kann, wenn die Spezialärzte nicht einbegriffen sind, das Pauschale am Wohnorte des Arztes auf 5.50 ℳ festgesetzt werden.

3. Bei Dienstbotenkassen und sonstigen Kassen, deren Mitglieder ganz oder zum überwiegenden Teile in häuslicher Gemeinschaft mit dem Arbeitgeber leben, kann das Pauschale auf 5.— ℳ festgesetzt werden.

4. Gegenüber dem bisherigen Satze sollte die Erhöhung überall nicht unter 1.— ℳ pro Kopf und Jahr betragen.

5. Wenn die besonderen Kassenverhältnisse es verlangen, kann eine Staffelung des Honorars während der Vertragsdauer vereinbart werden.

6. Das Pauschale für verheiratete Mitglieder beträgt das Dreifache des Einzelpauschales.

7. Auf Verlangen der Kasse kann der Gesamtbetrag der Extraleistungen auf 1.— ℳ bis 25 % des vereinbarten Pauschales begrenzt oder festgesetzt werden. Die Kontrolluntersuchungen und

Entfernungsgebühren fallen nicht unter den Grenzsatz. Das Gleiche gilt für Licht-, Radium- und ähnliche Anwendungen und Institutsbehandlung, für welche die Kasse nur auf Grund vorheriger Genehmigung aufkommt.

2. Außerhalb des Wohnortes des Arztes:
a) als Entgelt für die Gelegenheitsbesuche ein Pauschale, welches
für die in ...... wohnenden Mitgl. ℳ ...... für die Familie ℳ ......
„ „ „ .... „ „ „ .... „ „ „ „ ......
„ „ „ .... „ „ „ .... „ „ „ „ ......
beträgt.
b) für die übrigen Leistungen an diesen Orten die Sätze der Bad. Geb.-Ord.

3. Die Sprechstundenberatung auswärtiger Mitglieder, welche nicht zum Kurbezirk des Arztes gehören, erfolgt nur in dringenden Fällen oder auf Grund eines Arztscheines der Kasse. Als Vergütung werden dieselben Sätze berechnet, welche auf die Beratung in der gleichen Rechnungsperiode aus dem Pauschale entfallen.

Entsprechende feste Sätze für die Beratungen können vereinbart werden.

§ 6a. Honorar.
(Bei Bezahlung der Einzelleistung.)
Als Honorar wird vergütet:
1. Am Wohnorte des Arztes:
Die Sätze der kassenärztlichen Geb.-Ord. für Baden.
2. Außerhalb des Wohnortes des Arztes:
Für einen Gelegenheitsbesuch in .... ℳ ....
„ „ „ „ .... ℳ ....
„ „ „ „ .... ℳ ....
Für die übrigen Leistungen an diesen Orten die Sätze der kassenärztlichen Gebührenordnung für Baden.

3. Die Sprechstundenberatung auswärtiger Mitglieder, welche nicht zum Kurbezirk des Arztes gehören, erfolgt nur in dringenden Fällen oder auf Grund eines Arztscheines der Kasse. Die Vergütung regelt sich nach der kassenärztlichen Geb.-Ord. für Baden.

4. Eine Begrenzung des Honorars nach oben kann vereinbart werden.

Grundsatz hierzu:
Wo bisher Bezahlung nach Einzelleistung stattfand, soll dieser Zahlungsmodus auf Verlangen der KKK. nach Möglichkeit beibehalten werden.

§ 7. Freiwillig Beitretende.
Wenn die Zahl der der Kasse nach § 176 RVO. freiwillig Beitretenden 3 Prozent der Mitgliederzahl übersteigt, bleibt eine Vereinbarung über die ärztliche Behandlung und ihre Honorierung vorbehalten.

§ 9. Honorar für Überwiesene.
Für die ärztliche Versorgung der Mitglieder fremder Kassen und ihrer kurberechtigten Angehörigen, welche die Kasse in Fürsorge übernommen hat, wird nach § 6 Ziffer 3 Vergütung geleistet.

§ 10. Besondere Honorarbestimmungen.
Abweichend von den Vereinbarungen in §§ 6—8 ist der Arzt nach den ortsüblichen Sätzen zu liquidieren berechtigt:
a) Bei Betriebsunfällen von überwiesenen Nichtmitgliedern.
b) Bei Heilverfahrensfällen von überwiesenen Nichtmitgliedern.
c) Wenn die Kasse die Krankenpflege an Stelle des landwirtschaftlichen Arbeitgebers oder des Dienstherrn leistet (§§ 418, 419, 422, 435 RVO).
d) Bei Besuchen und Konsilien, welche seitens eines Arztes mit Genehmigung der Kasse oder in einem dringenden Falle außerhalb seines Kurbezirkes ausgeführt werden.
e) Für die zur Begründung von Kassenansprüchen erforderlichen Kranken- und Sterbescheine wird kein Honorar vergütet; jedoch darf die Vertragskasse diese Krankenscheine und Bescheinigungen ohne Genehmigung des Kassenarztes nicht an andere Krankenkassen (Zuschußkassen usw.) weitergeben, auch nicht in Abschrift.

§ 15. Einigungs-Instanzen.
1. Beschwerden und Streitigkeiten, welche aus diesem Vertrage entstehen, sind zunächst dem anderen Vertragsteil vorzulegen.

2. Zur Schlichtung von Streitigkeiten, welche auf diesem Wege nicht hinreichend erledigt werden, muß auf Antrag einer der beiden Parteien in
. . . .
eine Einigungskommission zusammentreten, welche aus je zwei Delegierten beider Kontrahenten besteht. Diese Einigungskommission entscheidet endgültig, wenn eine Stimmenmehrheit zustande kommt. Für jedes Mitglied der Einigungskommission ist ein Ersatzmann zu bestimmen.

3. Wenn binnen 4 Wochen nach Antrag aus irgendeinem Grunde eine Entscheidung nicht zustande gekommen ist (z. B. durch Stimmengleichheit, infolge Nichterscheinens eines Delegierten usw.), so hat jeder Vertragskontrahent das Recht, das Oberversicherungsamt . . . .
um die Ernennung eines Obmanns zu ersuchen, welcher mit der Einigungskommission das Schiedsgericht bildet. Dieses entscheidet mit einfacher Stimmenmehrheit unter Ausschluß des Rechtsweges endgültig.

4. Bei Verfehlungen gegen die Pflichten eines Kassenarztes können die eben genannten Instanzen auf Belehrung, Verwarnung oder zeitweiligen oder dauernden Ausschluß sowie auf Ersatz des der Kasse etwa entstandenen Schadens erkennen.

5. Für die Ladung und Verhandlung vor den Schiedsinstanzen und die Verhandlung und Zustellung der Entscheidung finden die für die Schiedsgerichte geltenden Bestimmungen der ZPO. keine Anwendung."

Hinsichtlich der zahnärztlichen Behandlung ist in § 12 der Vollzugsverordnung vom 2. Juni 1913 bestimmt, daß, abgesehen von den Fällen des § 122 Abs. 1 und des § 123 Satz 1 RVO. Zahntechniker ohne Zustimmung des Versicherten bei Zahnkrankheiten, mit Ausschluß von Mund- und Kieferkrankheiten, selbständige Hilfe in Orten oder Bezirken leisten können, für welche das VA. auf Antrag eines Versicherungsträgers und nach Anhörung des Bezirksarztes ein Bedürfnis hierfür anerkannt hat. Ein Bedürfnis liegt nur dann und insolange vor, als nicht genügend Zahnärzte vorhanden sind, die zu angemessenen Bedingungen die zahnärztliche Behandlung zu übernehmen bereit sind. Der Beschluß des VA. ist im amtlichen Verkündigungsblatt zu veröffentlichen. Als Zahntechniker im Sinne der RVO. kommen diejenigen in Betracht, die eine dreijährige Lehrzeit bei einem in der Zahntechnik und operativen Zahnheilkunde ausgebildeten Lehrherrn und ebenso eine mindestens dreijährige Tätigkeit als Gehilfe zurückgelegt, das 24. Lebensjahr vollendet und die bürgerlichen Ehrenrechte nicht verloren haben. Als Zahntechniker im Sinne der RVO. ist ferner, auch wenn der eben erwähnte Nachweis der Vorbildung nicht erbracht ist, derjenige anzusehen, der beim Inkrafttreten der badischen Vollzugsverordnung vom 2. Juni 1913 im Auftrag von Versicherungsträgern, Körperschaften oder Anstalten des öffentlichen Rechts im Großherzogtum mindestens drei Jahre einwandfreie, selbständige Hilfe geleistet hat. Endlich können als Zahntechniker im Sinne der RVO. vom VA. auch solche Personen anerkannt werden, die seit mindestens drei Jahren eine einwandfreie Tätigkeit als selbständige Zahntechniker im Großherzogtum ausgeübt haben, sofern ein Antrag auf Anerkennung in den ersten 6 Jahren nach Inkrafttreten der badischen Vollzugsverordnung gestellt wird.

Heildiener und Heilgehilfen können in Orten, in denen weder ein Arzt noch ein Zahnarzt, noch ein Zahntechniker (in vorstehendem Sinne) ansässig ist und zur Verfügung steht, selbständige Hilfe nur insoweit leisten, als es sich um einfache Zahnextraktionen handelt.

Was das Verhältnis der Apotheken zu den KKn. betrifft, so ist in der badischen Vollzugsverordnung gemäß § 376 RVO. bestimmt, daß die Apotheken den KKn. für die Arzneien einen Abschlag von den Preisen der Arzneitaxe in der Höhe von 10 Proz. zu gewähren haben. Dieser Abschlag tritt jedoch nur dann ein, wenn der rabattpflichtige taxmäßige Forderungsbetrag der Apotheke für das Kalendervierteljahr mindestens 20 ℳ beträgt und die Bezahlung innerhalb zweier Monate nach Einreichung der Rechnung an den Kassenvorstand erfolgt. Auf fabrikmäßig hergestellte Zubereitungen, die in fertiger Aufmachung (Originalpackung) mit dem in der deutschen Arzneitaxe festgesetzten Zuschlag zum Einkaufspreis abgegeben werden, findet ein Abschlag vom Taxbetrage nicht statt. Für die von den KKn. aus den Apotheken bezogenen einfachen Arzneimittel, die sonst ohne ärztliche Verordnung (im Handverkauf) abgegeben zu werden pflegen, dürfen die Apotheken höhere als die vom Ministerium des Innern festgesetzten, in der amtlichen Handverkaufsliste verzeichneten Preise nicht in Anforderung bringen; diese Handverkaufsliste und jede Änderung derselben wird im Staatsanzeiger veröffentlicht und alljährlich von dem Ministerium nachgeprüft.

Gemäß § 376 Abs. 3 RVO. bestimmt die Vollzugsverordnung:

Beziehen die Berechtigten die letztgenannten Arzneimittel zu einem Preise, der die Festsetzung nicht übersteigt, aus einer Apotheke, so darf die KK. die Bezahlung nicht deshalb ablehnen, weil sie nach § 375 RVO. mit Personen, die nicht Apothekenbesitzer oder -verwalter sind, niedrigere Preise vereinbart hat.

6. Die Organisation im Großherzogtum Hessen.

Von Ober-Regierungsrat Graef, Darmstadt, vortragendem Rate im Ministerium des Innern.

I. Im Großherzogtum Hessen waren am 31. Dezember 1911 vorhanden:

		auf eine Kasse entfielen im Durchschnitt Mitglieder
1. Gemeindekrankenversicherungen	699	93
2. Orts-KKn.	93	1362
3. Betriebs-KKn.	100	611
4. Innungs-KKn.	5	284
5. eingeschriebene Hilfskassen, die dem § 75 KVG. entsprachen	94	564
6. landesrechtliche Hilfskassen, die dem § 75 KVG. entsprachen	4	570
	995	311

Die Gesamtzahl der versicherten Personen betrug am 31. Dezember 1911: 309 279. Sie verteilt sich auf die einzelnen Kassen wie folgt:

Gemeindekrankenversicherung	64 839
Orts-KKn.	126 644
Betriebs-KKn.	61 061
Innungs-KKn.	1 420
Eingeschriebene Hilfskassen	53 036
Landesrechtliche Hilfskassen	2 279
zusammen	309 279

Auf Grund des § 226 Abs. 3 RVO. hat das Ministerium des Innern angeordnet, daß im Bezirk eines jeden VA. nur je eine Orts-KK. und, falls Land-KKn. errichtet werden, nur je eine Land-KK. errichtet werden darf; Ausnahmen sollen nur mit ministerieller Genehmigung zulässig sein.

Die Gemeindeverbände haben dieser Anordnung Rechnung getragen. Es war jedoch auch vor Erlaß der Anordnung die Frage zu prüfen, wie ein Widerstreit zwischen Ministerialverfügung und dem Beschluß eines Gemeindeverbandes rechtlich zu behandeln sei. Daß eine Anordnung, wie sie gemäß § 226 Abs. 3 RVO. erlassen worden ist, rechtlich zulässig ist, ergibt sich aus den Materialien zur RVO. (vgl. Begründung des Entwurfs der RVO. S. 166 und Kommissionsbericht II S. 129). Besteht aber eine dahingehende Anordnung, so muß sie zu den „gesetzlichen Vorschriften" im Sinne des § 324 Abs. 2 RVO., denen die Satzung genügen muß, gerechnet werden; einer damit im Widerspruche stehenden Satzung wäre daher die Genehmigung zu versagen gewesen. Für eine Anwendung des § 231 Abs. 2 RVO. wäre aber in diesem Falle kein Raum mehr. Diese Rechtsauffassung wurde vom RVA. geteilt.

Da in Hessen 23 VÄ. bestehen (18 staatliche VÄ. bei den 18 Kreisämtern, 5 städtische VÄ. in den Städten Darmstadt, Gießen, Mainz, Offenbach und Worms) und in zwei Bezirken je 2 allgemeine Orts-KKn. errichtet bzw. ausgestaltet worden sind, so kommen vom 1. Januar 1914 ab für Hessen 25 allgemeinen Orts-KKn. in Betracht. 10 allgemeine Orts-KK. wurden neu errichtet, 15 bisherige Orts-KKn. gemäß Artikel 15 EG. z. RVO. ausgestaltet. Bei der Mehrzahl der ausgestalteten Kassen hat eine Bezirkserweiterung stattgefunden.

In den Bezirken der 5 städtischen VÄ. und von 4 staatlichen VÄ. (in den Kreisen Darmstadt, Bensheim, Dieburg, Friedberg) wurden keine Land-KKn. errichtet, während in den Bezirken der übrigen 14 Kreise je eine Land-KK. ins Leben getreten ist. Gegenüber dem sozialdemokratischen Antrag, die Errichtung von Land-KKn. im Wege des Gesetzes (§ 227 RVO.) auszuschließen, hat sich das Ministerium ablehnend verhalten. Die II. Kammer der Landstände hat sich mit großer Mehrheit auf den Standpunkt der Regierung gestellt. Für die Stellungnahme der Großherzogl. Regierung war in erster Linie der Umstand maßgebend, daß in Hessen die Gemeindekrankenversicherung noch sehr stark verbreitet ist und ihr vorzugsweise die land- und forstwirtschaftlichen Arbeiter angehören. Nur in den größeren Städten und in einigen wenigen Kreisen bestanden zurzeit schon vorzugsweise Orts-KKn., aber auch hier waren es meistens Orts-KKn. von geringem Umfang. Angesichts dieser sehr verschiedenen Verhältnisse wollte man die Errichtung von Land-KKn. nicht gesetzlich ausschließen, sondern den zuständigen Gemeindeverbänden die Entschließung überlassen, ob sie Land-KKn. errichten wollten oder nicht.

Von einer Beeinträchtigung der Land-KKn. in Hessen durch den § 418 RVO. kann nach den seitherigen Erfahrungen nicht die Rede sein; es ist auch nicht zu erwarten, daß Betriebs-KKn. für landwirtschaftliche Betriebe errichtet werden. Derartige Kassen bestanden auch seither nicht.

Neben den 25 allgemeinen Orts-KKn. bestehen noch 9 besondere Orts-KKn.; 38 weitere Orts-KKn. hatten den Antrag auf Zulassung als besondere Orts-KKn. gestellt, diese Anträge wurden jedoch zurückgewiesen, weil den Vorschriften des § 240 Nr. 1 oder 2 oder 4 nicht entsprochen war.

Es werden 77 Betriebs-KKn. weiter bestehen; 6 Anträge von Betriebs-KKn. wurden zurückgewiesen.

Die Zahl der Innungs-KKn. hat eine kleine Vermehrung erfahren (7 anstatt 5). Dagegen ist die Zahl der eingeschriebenen Hilfskassen von 94 auf 3 gesunken. Die landesrechtlichen Hilfskassen verschwinden vollständig.

Am 1. Januar 1914 bestanden hiernach in Hessen:

25 allgemeine Orts-KKn.,
14 Land-KKn.,
9 besondere Orts-KKn.,
77 Betriebs-KKn.,
7 Innungs-KKn.,
3 Ersatzkassen,

zus. 135 Kassen gegen seither 995 Kassen.

Im allgemeinen wird die RVO. in Hessen keine wesentliche Erhöhung der Zahl der krankenversicherungspflichtigen Personen bringen, da die landwirtschaftlichen Arbeiter seither schon auf Grund Landesgesetzes versicherungspflichtig waren. Es kommen daher zu der seitherigen Zahl im wesentlichen nur die häuslichen Dienstboten, die unständig Beschäftigten, die unentgeltlich beschäftigten Lehrlinge, die im Wandergewerbe Beschäftigten und die Hausgewerbtreibenden. Im Wege der Schätzung wurde ermittelt, daß die einzelnen Kassenarten die nachstehende Mitgliederzahl aufweisen werden:

1. allgemeine Orts-KKn. . . 175000 Mitglieder
2. Land-KKn. . . . . 48000 „
3. besondere Orts-KKn. . . 9000 „
4. Betriebs-KKn. . . . . . . 66000 „
5. Innungs-KKn. . . . . . . 2400 „
6. Ersatzkassen . . . . 4200 „

zus. 304600 Mitglieder

Es liegen hier wohl Schätzungsfehler vor, da die ermittelte Zahl hinter der Zahl nach dem Stande vom 31. Dezember 1911 (309279) zurückbleibt. Es ist anzunehmen, daß die Mitgliederzahl derjenigen eingeschriebenen Hilfskassen, die zurzeit noch im Besitz einer Bescheinigung nach § 75a KVG. sind, aber als Ersatzkassen nicht in Frage kommen, bei den in Zukunft maßgebenden Kassen noch nicht mitgerechnet sind. Die allgemeinen Orts-KKn. weisen einen starken Zugang auf. Die besonderen Orts-KKn. sind nur von untergeordneter Bedeutung. Die Land-KKn. umfassen der Zahl nach etwa $3/4$ der Mitglieder der seitherigen Gemeindekrankenversicherungen. Die durchschnittliche Mitgliederzahl der am 1. Januar 1914 bestehenden KKn. läßt sich angesichts des ungenauen Materials nicht zutreffend angeben. Legt man die Zahl der versicherten Personen nach dem Stande vom 31. Dezember 1911 zugrunde, so ergibt sich eine Durchschnittsmitgliederzahl von 2300 gegen seither von 311.

Der Zentralisationsgedanke ist hiernach in Hessen ziemlich weit durchgeführt. Ein Teil der KKn.

hat dem Bestreben, nur große leistungsfähige Kassen zu errichten, volles Verständnis entgegengebracht und von Stellung eines Antrags auf weitere Zulassung abgesehen. Die Mehrzahl der Kassen, deren Anträge vom OVA. abgelehnt wurden, hat sich bei dem ablehnenden Bescheide beruhigt. Insoweit Beschwerde verfolgt wurde, konnte das Ministerium des Innern mit Ausnahme von zwei Fällen die Bescheide bestätigen. Im Durchschnitt entfallen auf den Bezirk jedes VA. 6 KKn.; in industriellen Bezirken ist die Zahl wegen des Vorhandenseins von Betriebs-KKn. größer, in ländlichen Bezirken kleiner. Am 1. Januar 1914 beträgt die Zahl der KKn. nur noch 13,6 Proz. der seitherigen Zahl. Die Durchführung der Neuorganisation hat in Hessen keine besonderen Schwierigkeiten verursacht. Die Frist für die Vorlage der Satzungen wurde in allen Fällen gewahrt. Es haben sich auch bei Prüfung der Satzungen keine formellen Verstöße ergeben, die einen Einfluß auf die Zulassung der Kassen hätten haben können.

Die Gemeindekrankenversicherungen, deren Geschäfte von den Gemeindeeinnehmern wahrgenommen werden, haben seither als Einzugsstellen der LVAnst. Großh. Hessen fungiert. In gleicher Weise waren die Gemeindeeinnehmer meistens Melde- und Zahlstellen für die gemeinsamen Orts-KKn., deren Bezirke sich über mehrere Gemeinden erstreckten. Um die Möglichkeit zu erhalten, daß den Gemeindeeinnehmern nach wie vor die Geschäfte der Melde- und Zahlstellen übertragen werden können, ist in Ausführung der §§ 319, 404 RVO. bestimmt worden, daß, wenn gemeinsame Melde- und Zahlstellen errichtet und deren Geschäfte den Ortsbehörden übertragen werden, die Ortsbehörden die Aufgaben der Melde- und Zahlstellen auf andere Gemeindedienststellen (z. B. die Gemeindeeinnehmer) übertragen können. Auf diese Weise wird den Kassenmitgliedern trotz der großen Kassenbezirke der Verkehr mit der Kasse durch Beibehaltung der seitherigen Geschäftsstellen so leicht wie möglich gemacht. Nur im Bezirk einer allgemeinen Orts-KK. hat eine Sektionsbildung gemäß § 415 RVO. stattgefunden.

Als Gemeindeverbände im Sinne des Zweiten Buches der RVO. gelten die Gemeinde, wenn der Bezirk der KK. nicht über den der Gemeinde hinausgeht (§ 526 Abs. 2), im übrigen die Kreise. In den Städten Darmstadt, Gießen, Mainz, Offenbach und Worms sind allgemeine Orts-KKn. für den Stadtbezirk errichtet. Da in Hessen die Städte nicht vom Kreisverbande losgelöst sind, also keine selbständigen Stadtkreise bilden, sondern Teile des Kreises sind, so hätte die Möglichkeit eintreten können, daß die genannten Städte im Falle der §§ 305, 389, 453—456, 489, 490 RVO., Art. 16 EG. z. RVO. doppelt belastet worden wären, einmal für die Orts-KKn. des Stadtbezirkes und außerdem für die sogen. Kreis-Orts-KK. Um dies zu vermeiden, wurde bestimmt, daß in den Fällen der vorerwähnten Paragraphen die Städte aus dem Kreisverband ausscheiden und die Lasten für die Kreis-Orts-KKn. somit von dem sogen. Landkreis allein getragen werden, während die Städte für die für ihre Bezirke errichteten Orts-KKn. eintreten müssen.

In der Frage der Krankenversicherung der unständig Beschäftigten hat man vorerst davon abgesehen, Anordnungen nach § 458 RVO. zu treffen. Dem Antrag eines Gemeindeverbandes, es möge auf Grund des § 458 Abs. 1 RVO. angeordnet werden, daß die unständig Beschäftigten die gesamten Beiträge (anstatt ihres Beitragsteils nach § 450 Abs. 4) einzuzahlen haben, vorbehaltlich des Rückgriffs auf die Arbeitgeber, wurde nicht stattgegeben. § 458 Abs. 1 RVO. gibt zwar der Landesregierung das Recht, die Beitragsleistung für die unständig Beschäftigten „abweichend" zu regeln. Diese Vorschrift darf aber nicht dazu dienen, die unständig Beschäftigten ungünstiger zu behandeln als die ständigen Arbeiter. Ein Bedürfnis für die Umlegung der Beitragsteile der Arbeitgeber durch den Gemeindeverband wurde in Hessen nicht anerkannt. Es ist daher für Beschlüsse des Gemeindeverbandes nach § 454 die Genehmigung des Ministeriums des Innern vorbehalten worden, ebenso bedürfen Beschlüsse nach § 455 der Genehmigung. Nach Durchführung der Krankenversicherung der unständig Beschäftigten ist in Aussicht genommen, das Einzugsverfahren für die Invalidenversicherungsbeiträge auf die unständig Beschäftigten auszudehnen.

Die Hausgewerbtreibenden sind in Hessen nur im Bezirke weniger KKn. vorhanden. Von einer Anordnung nach § 490 wird vorerst abgesehen.

II. Hinsichtlich der wichtigsten Fragen der Errichtung, Zulassung von Orts-KKn., der Ausgestaltung von solchen, der Gleichwertigkeit der Leistungen und der Zulassung von Ersatzkassen hat das Ministerium des Innern folgenden Standpunkt vertreten:

1. Das Recht des Gemeindeverbandes auf Errichtung einer allgemeinen Orts-KK. geht dem Rechte auf Ausgestaltung nach Artikel 15 EG. unter allen Umständen vor. Der Beschluß des Gemeindeverbandes auf Errichtung einer allgemeinen Orts-KK. oder einer Land-KK. ist an keine Genehmigung gebunden und ist nicht mit Beschwerde anfechtbar.

2. Die Entscheidung, ob eine Orts-KK. ausgestaltet werden soll, obliegt dem Gemeindeverbande. Die Durchführung der Ausgestaltung nach Maßgabe der Beschlüsse des Gemeindeverbandes ist Sache der Organe der auszugestaltenden Kasse. Weigert sich eine Orts-KK., die vom Gemeindeverbande beschlossene Ausgestaltung durch entsprechende Änderung der Satzung vorzunehmen, so wird die Kasse geschlossen, da das Recht auf Zulassung als besondere Orts-KK. durch den Beschluß des Gemeindeverbandes auf Ausgestaltung hinfällig wird.

3. Falls eine Orts-KK. ausgestaltet wird, bedarf es nicht der Durchführung des Zulassungsverfahrens nach Art. 17 bis 20 EG. z. RVO.

4. Hat ein Gemeindeverband die Errichtung einer Land-KK. beschlossen, so ist für eine Stellungnahme des VA. und OVA. nach § 229 RVO. kein Raum. Der Gemeindeverband kann seine Beschlußfassung von einer vorgängigen Stellungnahme des VA. nach § 229 RVO. abhängig machen, muß es aber nicht.

5. Gemeinsame Orts-KKn., die für alle (nicht nur für einzelne oder mehrere) Gewerbszweige oder Betriebsarten des betreffenden Bezirks errichtet waren, können zugelassen oder ausgestaltet werden.

6. Bei Ausgestaltung einer bestehenden Kasse ist in jedem Falle eine Bezirksausdehnung zulässig.

7. Bei Ermittlung der Mitgliederzahl nach § 240 Nr. 1 RVO. sind die freiwilligen Mitglieder mitzuzählen, nicht dagegen diejenigen Kassenmitglieder, deren Versicherungspflicht demnächst um deswillen erlischt, weil ihr regelmäßiges jährliches Gesamteinkommen 4000 M. übersteigt (§ 178 RVO.). Auch die landkassenpflichtigen Mitglieder sind nicht mitzuzählen, einerlei ob eine Land-KK. errichtet wird oder nicht, da noch nicht feststeht, ob die einzelnen Personen von dem ihnen nach Artikel 29 EG. gewährleisteten Rechte Gebrauch machen. Wird eine Land-KK. nicht errichtet, so müssen die landkassenpflichtigen Personen aus der besonderen Orts-KK. ausscheiden und in die allgemeine Orts-KK. übertreten (vorbehaltlich des Wahlrechts nach Artikel 29 EG.).

8. Bei der Prüfung der Leistungsfähigkeit einer zuzulassenden besonderen Orts-KK. ist u. a. auch darauf zu achten, ob die Kasse ihrer Verpflichtung, den gesetzlichen Reservefonds anzusammeln oder auf der gesetzlichen Höhe zu halten, nachgekommen ist oder nachkommen konnte. Es ist aber auch das Ausscheiden der landkassenpflichtigen Personen (unbeschadet des Artikels 29 EG.) zu berücksichtigen, da das Ausscheiden dieser guten Risiken die Leistungsfähigkeit der Kasse ungünstig beeinflussen muß.

9. Bei Zulassung von Ersatzkassen wird an der Mindestzahl von 1000 Mitgliedern grundsätzlich festgehalten. Von der Befugnis des § 503 Abs. 2 RVO. wird kein Gebrauch gemacht.

10. Hinsichtlich der Frage der Gleichwertigkeit der Leistungen steht Hessen auf dem Standpunkt, wie er in dem Erlasse des Reichskanzlers vom 15. Juli 1913 zum Ausdruck kommt.

11. Von einer Entschließung wegen Einführung der erweiterten Krankenpflege nach § 426 RVO. wurde mit Rücksicht auf die Verhältnisse in Hessen abgesehen.

12. Als „landesrechtliche Fürsorge" im Sinne des § 440 RVO. gilt auch eine Regelung im Wege des Statuts. In einigen Städten waren auf Grund eines Ortsstatuts Dienstboten-KKn. errichtet, die im allgemeinen freie Verpflegung im städtischen Krankenhaus und unentgeltliche Benutzung der ambulatorischen Klinik daselbst gewährten. Nachdem in zwei Fällen die maßgebenden Faktoren beschlossen haben, die Satzungen der Dienstboten-KKn. nach § 440 Abs. 2, 3 RVO. zu ändern, hat das Ministerium Versicherungsfreiheit ausgesprochen.

Von einer Begründung der einzelnen Entschließungen muß im Rahmen dieser Abhandlung abgesehen werden.

III. Zur Frage der Zulassung der Zahntechniker zur Behandlung von Zahnkrankheiten hat das Ministerium des Innern in der Bekanntmachung vom 22. September 1913 folgendes bestimmt*):

„§ 2.

Zu [§§ 122, 123 RVO. Abgesehen von den Fällen des § 122 Abs. 1 und des § 123 Satz 1 RVO. kann ein Versicherungsträger, auch ohne daß die Zustimmung des Versicherten vorliegt, die Behandlung von Zahnkrankheiten, mit Ausschluß von Mund- und Kieferkrankheiten, einem Zahntechniker in solchen Orten und Bezirken übertragen, für die das Versicherungsamt auf Antrag eines Versicherungsträgers ein Bedürfnis hierzu anerkannt hat. Ein solches Bedürfnis ist dann anzuerkennen, wenn in dem Ort oder Bezirk, für den die Zulassung nachgesucht wird, nicht genügend Zahnärzte vorhanden sind, die zu angemessenen Bedingungen die Behandlung übernehmen, oder wenn die Ausschließung der Behandlung durch Zahntechniker nach Ansicht des VA. den berechtigten Interessen der Versicherten nicht entsprechen würde.

§ 3.

Als Zahntechniker im Sinne der RVO. ist nur derjenige anzusehen, der

1. mindestens 25 Jahre alt ist,
2. eine dreijährige Lehrzeit bei einem in der Zahntechnik und operativen Zahnheilkunde ausgebildeten Lehrherrn nachweist,
3. eine mindestens dreijährige Tätigkeit als Gehilfe eines Zahnarztes oder Zahntechnikers zurückgelegt hat. Auf diese Zeit wird die Zeit einer etwaigen Ausbildung an einer staatlichen Lehranstalt oder einem von dem Verband der Dentisten im Deutschen Reiche geschaffenen Lehrinstitut bis zu einem Jahr angerechnet.

Ferner dürfen keine Tatsachen vorliegen, die an der Zuverlässigkeit des Zahntechnikers Zweifel zulassen.

§ 4.

Auch wenn der in § 3 verlangte Nachweis der Vorbildung nicht erbracht wird, kann das Versicherungsamt solche Zahntechniker zur selbständigen Hilfeleistung unter den in § 2 erwähnten Voraussetzungen und in dem dort erwähnten Umfang zur Behandlung zulassen, die schon seit dem 1. Juli 1910 im Auftrag von Versicherungsträgern, Körperschaften oder Anstalten des öffentlichen Rechts, die ihren Sitz im Großherzogtum haben, regelmäßig selbständige Hilfe einwandfrei geleistet haben. Das Gleiche gilt für solche Zahntechniker, die seit mindestens 6 Jahren selbständig die Zahnbehandlung einwandfrei ausgeübt

---

*) Die Bestimmungen sind auszugsweise wiedergegeben.

haben und im Großherzogtum Hessen seit 3 Jahren ansässig sind, sofern der Antrag auf Zulassung vor dem 1. Januar 1919 gestellt wird."

Zu der Frage, ob ein Bedürfnis für Zulassung von Zahntechnikern vorliegt oder nicht (vgl. § 2, oben), ist in einem Ausschreiben an die VÄ. darauf hingewiesen worden, daß ein Bedürfnis jedenfalls dann vorliegt, wenn in den Bezirken, für die die Zulassung erfolgen soll, nicht soviel Zahnärzte die Behandlung zu angemessenen Bedingungen zu übernehmen bereit sind, daß für je 1500 zur Kassenbehandlung berechtigte Personen ein Zahnarzt vorhanden ist. Unter den „zur Kassenbehandlung berechtigten Personen" sind aber nicht bloß die Mitglieder der antragstellenden Kasse, sondern auch die zur Zahnbehandlung berechtigten Familienangehörigen der Mitglieder zu verstehen.

Weiterhin ist erläuternd ausgeführt worden, daß zum Arbeitsgebiet der Zahntechniker auch die Lieferung von Zahnersatzstücken gehört. Wenn die Anbringung dieser Ersatzstücke die vorhergehende Herrichtung des Mundes erfordert, ist ein Zahntechniker auch hierzu befugt, soweit es sich um Arbeiten innerhalb der ihm durch die RVO. und die Bekanntmachung vom 22. September 1913 gesteckten Grenzen handelt.

Von einer Anordnung nach § 122 Abs. 2 hat man abgesehen.

IV. Das Rechtsverhältnis zwischen KKn. und Apotheken ist durch §§ 13, 14 der Bekanntmachung vom 22. September 1913 in folgender Weise geregelt:

„§ 13.

Zu § 376 Abs. 1 RVO. Die Apotheken haben den KKn. für die Arzneien einen Abschlag von 10 vom Hundert zu gewähren. Der Abschlag tritt jedoch nur ein, wenn die Bezahlung innerhalb dreier Monate nach Einreichung der Rechnung an den Kassenvorstand erfolgt.

Der Abschlag vom Taxbetrage findet nicht statt auf Heilsera, Tuberkulin in unverdünntem Zustande sowie auf die nach Ziffer 21 Abs. 1 der Arzneitaxe bezeichneten fabrikmäßig hergestellten Arzneizubereitungen. Diese dem Abschlag nicht unterliegenden Arzneien sind in den Arzneirechnungen besonders aufzuführen.

§ 14.

Zu § 376 Abs. 2, 3 RVO. Die Ministerialabteilung für öffentliche Gesundheitspflege erläßt eine Handverkaufsliste einheitlich für das Großherzogtum. Die Handverkaufsliste hat diejenigen einfachen Arzneimittel zu umfassen, die „sonst", d. h. nach Ortsgebrauch, an das übrige Publikum ohne ärztliche Verschreibung (im Handverkauf) abgegeben zu werden pflegen.

Die Apotheken dürfen höhere als die in der Handverkaufsliste angegebenen Preise nicht in Ansatz bringen. Diese Handabgaben sind in den Arzneirechnungen besonders aufzuführen. (Vgl. § 13 Schlußsatz.)

Die Handverkaufsliste und jede Abänderung derselben wird in der „Darmstädter Zeitung" veröffentlicht; sie wird alljährlich von der Ministerialabteilung für öffentliche Gesundheitspflege nachgeprüft.

Beziehen die Berechtigten die in Abs. 1 bezeichneten Arzneimittel zu einem Preise, der die Festsetzung nicht übersteigt, aus einer Apotheke, so darf die Kasse die Bezahlung nicht deshalb ablehnen, weil sie nach § 375 RVO. mit Personen, die nicht Apothekenbesitzer oder -verwalter sind, niedrigere Preise vereinbart hat."

Die Ministerialabteilung für öffentliche Gesundheitspflege hat gemäß § 14 der Bekanntmachung vom 22. September eine Handverkaufsliste einheitlich für das Großherzogtum Hessen erlassen. Bei Abgabe der in dieser Liste aufgeführten Arzneimittel sind nachfolgende Bestimmungen zu beachten:

1. Die verzeichneten Arzneimittel müssen den Anforderungen des Deutschen Arzneibuchs entsprechen.

2. Auf die Preise dieser Liste findet der erste Satz des § 376 RVO. keine Anwendung. Sie sind nur gültig, wenn die Arzneistoffe ungemischt und ungeteilt verordnet werden. Dagegen ist es gleichgültig, ob die Verordnung in Rezeptform, deutsch oder lateinisch, nach Gewicht oder Geldwert erfolgt. Die Verordnung nach Geldwert gilt nur für den Arzneistoff; erforderliche Gefäße sind besonders zu berechnen, nicht aber die Herrichtung zur Abgabe.

Die deutsche Bezeichnung des Arzneimittels und die Aufschriften:

äußerlich, innerlich, nach Vorschrift, nach Verordnung, nach Bericht, Gift, nur verdünnt anzuwenden, Vorsicht, vor Licht zu schützen, feuergefährlich, vor dem Gebrauch umzuschütteln, Salbe, Augensalbe, Augenwasser, Einreibung, zum Gurgeln, zum Pinseln, Tee

dürfen nicht berechnet werden. Weitergehende Gebrauchsanweisungen nach Vorschrift des Arztes sind mit 10 Pf. zu vergüten.

3. 250 g kosten doppelt so viel wie 100 g, 500 g kosten doppelt so viel wie 200 g, sofern nicht besondere Preise ausgeworfen sind. Gewichtsmengen, die zwischen den eingesetzten liegen, werden nach dem Preis für die nächstniedrigere Menge berechnet, bis der Satz für die nächsthöhere erreicht ist. Kleinere Mengen als die, für die ein Preis ausgeworfen ist, werden nach letzterem durch entsprechende Teilung berechnet. Der Preis ist in beiden Fällen auf die nächsthöhere durch 5 teilbare Zahl abzurunden. Ist die Menge des Arzneistoffes in der Verordnung nicht angegeben, so ist die in der Liste angegebene kleinste Menge zu verabfolgen. Der niedrigste Preisansatz für eine Verordnung ist 10 Pfg.

4. Trockne Arzneistoffe werden in Papierbeuteln abgegeben, die mit einem + bezeichneten in Pappschachteln, Salben und Latwergen in Kruken.

5. Werden verwendbare reine Gläser, Kruken, Pappschachteln oder Pulverkästchen zur Aufnahme

der Arznei in die Apotheke gebracht, so ist dafür der volle Preis anzurechnen.

6. Bestehen Zweifel, welche von den in der Handverkaufsliste aufgeführten Sorten gemeint ist, so ist stets die billigere zu geben.

7. Die Preise der Drogen gelten für die ganze und für die geschnittene Ware.

8. In den Arzneirechnungen für die KKn. sind die durch diese Liste festgesetzten Preise gesondert von den Preisen für die Rezeptur-Mittel in der Spalte für Nettopreise aufzuführen.

Zwischen dem hessischen Apothekerverein und den Krankenkassenverbänden schweben noch Verhandlungen wegen vertragsmäßiger Ergänzung der erlassenen Vorschriften. Über die Gestaltung des Vertrags können zurzeit nähere Angaben noch nicht gemacht werden.

V. Nach langwierigen Verhandlungen war es Anfang Dezember gelungen, hinsichtlich der Arztfrage zwischen Vertretern der Krankenkassenverbände und der Ärzteorganisation über einige grundlegende Punkte eine Verständigung zu erzielen. Die beiderseitigen Vertreter hatten sich die ausdrückliche Genehmigung ihrer Organisationen vorbehalten. Da nach den Erklärungen der Mitglieder der ärztlichen Vertragskommission für Hessen ein formeller Abschluß des Mantelvertrags davon abhing, ob auch in den übrigen deutschen Bundesstaaten eine Verständigung zwischen Ärzten und KKn. zustande komme, letzteres aber für Norddeutschland Zeitungsnachrichten zufolge damals noch nicht zu erwarten war, so mußten auch in Hessen die KKn. sich auf die Durchführung des § 370 RVO. vorbereiten.

Der Entwurf des Mantelvertrags ging von folgenden Gesichtspunkten aus:

1. Die Verträge werden auf Seiten der KKn. abgeschlossen entweder von den KKn. oder den gemäß §§ 406, 407 RVO. gebildeten Kassenverbänden, auf Seiten der Ärzte mit den ärztlichen Lokalorganisationen und, sofern eine beschränkte Zahl von Kassenärzten bestellt wird, mit den ärztlichen Lokalorganisationen und unter ihrer Mitwirkung mit dem einzelnen Arzte.

2. Für die Art und Weise der Versorgung einer KK. mit Ärzten gelten folgende Grundsätze:

Kassenverträge werden nach dem System der organisierten freien Arztwahl oder nach dem Kassenarztsystem oder nach dem Distriktsarztsystem abgeschlossen. Freie Arztwahl bleibt, wo sie bisher bestand. Sie soll möglichst eingeführt werden bei allen neu errichteten Kassen. In allen übrigen Fällen wird das Arztsystem zwischen den KKn. und der örtlichen Ärzteorganisation vereinbart.

3. Wird organisierte freie Arztwahl bestimmt, so ist auch Nichtmitgliedern der ärztlichen Organisation, sofern sie im Besitze der bürgerlichen Ehrenrechte sind und den geschlossenen Vertrag rechtsverbindlich anerkennen, der Beitritt zum Vertrag grundsätzlich offenzuhalten. Über die Zulassung eines nicht organisierten Arztes ist eine Äußerung der örtlichen Ärztevertretung einzuholen.

4. Die örtliche Ärztevertretung hat gegen die Zulassung oder weitere Zulassung eines nicht organisierten Arztes ein Einspruchsrecht. Erfolgt zwischen der Ärztevertretung und der KK. keine Verständigung, so entscheidet das Schiedsgericht. Ebenso kann die KK. gegen die Zulassung oder weitere Zulassung eines organisierten Arztes Einspruch erheben. Auch hier entscheidet, wenn eine Verständigung nicht erfolgt, das Schiedsgericht.

5. Eine Gruppeneinteilung der Versicherungspflichtigen und der nach § 313 RVO. die Versicherung freiwillig fortsetzenden Mitglieder nach Einkommensstufen findet nicht statt. Wenn die Zahl der der Kasse nach § 176 RVO. freiwillig Beitretenden 4 Proz. der Mitgliederzahl übersteigt, bleibt eine Vereinbarung über die ärztliche Behandlung und ihre Honorierung vorbehalten. Bei Berechnung der 4 Proz. bleiben solche Versicherungsberechtigte außer Betracht, deren Einkommen 1800 ℳ nicht übersteigt.

6. Die Vergütung der ärztlichen Tätigkeit erfolgt entweder nach Einzelleistung oder nach Pauschale pro Kopf und Jahr. Wo seither schon die Einzelleistungen bezahlt wurden, sollen sie auch in Zukunft bezahlt werden. Die Pauschale sind verschieden, je nach Umfang der ärztlichen Leistungen und den örtlichen Verhältnissen zu bemessen. Bei Pauschale ist außerdem Sondervergütung derjenigen Einzelleistungen zugelassen, welche größeren Zeitaufwand erfordern und in der ärztlichen Gebührenordnung mit 5 M und darüber berechnet werden.

7. In jedem kassenärztlichen Vertrag ist eine Einigungskommission vorzusehen zur Erledigung aller gemeinsamen Angelegenheiten und zur gütlichen Beilegung von Streitigkeiten aus dem Vertragsverhältnis. Kommt eine Einigung nicht zustande, so tritt das Schiedsgericht zusammen.

8. In den Verträgen mit organisierter freier Arztwahl müssen Einrichtungen vorgesehen werden, die die Kasse vor finanzieller Überlastung durch die kassenärztliche Tätigkeit schützen, und zwar sowohl hinsichtlich der Gebührenforderung als auch hinsichtlich der Arzneiverordnung und Krankengeldanweisung. Bei Bezahlung nach Einzelleistungen darf, wenn die Kasse nur die Regelleistungen gewährt, das gesamte Arzthonorar einschließlich desjenigen für spezialärztliche Behandlung pro Kopf und Jahr höchstens 20 Proz. der Einnahmen aus Beiträgen unter rechnerischer Zugrundelegung einer Erhebung von $4^1/_2$ Proz. des Grundlohns, keinesfalls aber mehr als 7,25 ℳ pro Kopf und Jahr betragen. Entfernungsgebühren bei Reisen bleiben hier außer Betracht.

9. Kommt bei den eingeleiteten Verhandlungen zwischen den KKn. und der örtlichen Ärzteorganisation auf Abschluß eines Vertrags eine Vereinbarung nicht zustande, so entscheidet das Schiedsamt. Dieses ist also auch zuständig bei Streit über

das Arztsystem und über Honorarfragen (Pauschale oder Einzelleistung). Jede Partei entsendet 3 Vertreter in das Schiedsamt. Außerdem gehören ihm noch an der Direktor des OVA. sowie je ein Mitglied der Ministerialabteilungen für öffentliche Gesundheitspflege und für Landwirtschaft, Handel und Gewerbe. Das Ministerium des Innern bestellt den Vorsitzenden aus den 3 letztgenannten Beamten. Der Schiedsspruch ist endgültig und für beide Teile rechtsverbindlich.

10. Die Vertragsparteien verpflichten sich, darauf hinzuwirken, daß sämtliche ihnen angeschlossenen KKn. und Ärzteorganisationen sich dem Mantelvertrag unterwerfen.

Die der hessischen ärztlichen Landesvertragskommission angeschlossenen ärztlichen Organisationen nahmen den Mantelvertrag an, ebenso ein Teil der KKn. Während die übrigen KKn. noch über die Annahme des Mantelvertrags berieten, wurde das am 23. Dezember in Berlin geschlossene Abkommen bekannt, das zur Folge hatte, daß die meisten KKn. nunmehr den hessischen Mantelvertrag ablehnten, da sie trotz einiger Zugeständnisse der Ärzte das Berliner Abkommen für günstiger hielten. Ein anderer Teil der KKn. hat auch nach Bekanntgabe des Berliner Abkommens den hessischen Mantelvertrag angenommen. Die ärztlichen Organisationen stellten sich nunmehr vollständig auf den Boden des Berliner Abkommens und erklärten sich zur Weiterbehandlung der Kassenmitglieder bereit, mit der Maßgabe, daß die im Wege des Vertrags oder Schiedsspruchs festgesetzten Sätze auf den 1. Januar 1914 zurückdatiert werden sollten. Damit war für die Anwendung des § 370 RVO. kein Raum mehr, denn die ärztliche Versorgung ist, wenn auch ein schriftlicher Vertrag noch nicht vorliegt, nicht „ernstlich gefährdet". Von den in Hessen vorhandenen KKn. haben 10 mit zusammen 15000 Mitgliedern zurzeit schriftlichen Vertrag abgeschlossen.

7. Die Organisation in Elsaß-Lothringen.
Von Ministerialrat Nelken, Straßburg.

Elsaß-Lothringen wird wohl zu denjenigen Bundesstaaten zu zählen sein, in welchen der Übergang von der durch das KVG. geschaffenen Kassenorganisation zu den nach der RVO. erforderlichen Einrichtungen die verhältnismäßig geringsten Schwierigkeiten bereitet hat. Die Gemeindekrankenversicherung ist hier niemals wirksam geworden. Träger der Krankenversicherung waren hier, soweit Kassen der in §§ 59ff. KVG. bezeichneten Art in Frage kommen, ausschließlich Orts-KKn. Die Bau-KKn., die ja schon ihrer Natur nach eine stets nur vorübergehende Erscheinung bildeten, kamen vereinzelt vor, von den Knappschaftsvereinen hat nur einer, nämlich der in Karlingen, die Krankenversicherung im Sinne des KVG. übernommen, und die Zahl und Bedeutung der Innungs-KKn. war zu gering, als daß ihre Existenz die Organisationsarbeiten für den neuen Rechtszustand merklich hätte beeinflussen können. Es bestanden tatsächlich nur fünf Innungs-KKn. mit etwa 1400 Mitgliedern, die auf Antrag auch wieder zugelassen sind, während infolge der Einführung der RVO. allerdings eine Anzahl weiterer Innungen die Errichtung von Innungs-KKn. in Aussicht nahm, insbesondere solche Innungen, deren Angehörige bisher freien, auf landesrechtlicher Vorschrift beruhenden und seit dem 1. Januar 1914 nicht mehr zu den Versicherungsträgern zählenden Hilfskassen angehört haben. Nach dem Stande vom 1. Januar 1914 gibt es in Elsaß-Lothringen zehn Innungs-KKn. mit 3100 Mitgliedern. Daneben hat freilich noch das System der Ersatzkassen eine nicht unerhebliche Rolle gespielt. Außer den eingeschriebenen Hilfskassen, deren Zahl nicht sehr groß war und die auch nicht über eine erheblichere Mitgliederzahl verfügten (es waren im ganzen zuletzt noch 23 solcher Hilfskassen mit einem Bestande von ungefähr 3000 Mitgliedern vorhanden), existierten eine größere Menge von Hilfskassen, die auf landesrechtlicher Vorschrift beruhten. Ihre Zahl belief sich auf 98 mit ungefähr 16000 Mitgliedern. Sie hatten zwar in der Hauptsache nur lokale Bedeutung, sind aber vielfach der Bevölkerung oder den beteiligten Kreisen derart ans Herz gewachsen, daß ihre Beseitigung als Versicherungsträger, womit ihnen regelmäßig der Lebensnerv abgeschnitten ist, recht schmerzlich empfunden wird. In der Ausführungsanweisung zur RVO. ist darauf hingewiesen, daß die Gültigkeit der ihnen ausgestellten Bescheinigungen mit dem 31. Dezember 1913 abläuft, da mit diesem Zeitpunkt § 75a KVG. außer Kraft tritt und Art. 25 EG. z. RVO. (§ 503 RVO.) nur für die eingeschriebenen, nicht auch für die landesrechtlichen Hilfskassen eine neue reichsgesetzliche Grundlage geschaffen hat. Verschiedenen Eingaben landesrechtlicher Hilfskassen, die sich lebhaft darum bemühten, wie eingeschriebene Hilfskassen als Ersatzkassen zugelassen zu werden, mußte bei der Gesetzeslage der Erfolg versagt bleiben und den Kassen, die teilweise schon über ein halbes Jahrhundert in Wirksamkeit sind, anheimgestellt werden, neben den Trägern der Krankenversicherung ihre Hilfstätigkeit fortzusetzen. Einzelnen dieser Kassen, die auch bisher schon ihre Mitglieder zum größeren Teil aus nicht versicherungspflichtigen Kreisen rekrutierten, wird dies möglich sein; die Mehrzahl wird aber wohl kaum lebensfähig bleiben. Von den bisherigen eingeschriebenen Hilfskassen ist keine vorhanden, die den gesetzlichen Anforderungen hinsichtlich ihrer Mitgliederzahl genügt, es ist deshalb kein Zulassungsantrag eingegangen, so daß sie mit dem 30. Juni 1914 als Träger der Krankenversicherung ausscheiden.

Von den bisherigen Trägern der Krankenversicherung werden mithin unter der Herrschaft der RVO. außer den wenigen Innungs-KKn. nur noch Betriebs- und Orts-KKn. übrig bleiben. Land-KKn. werden auf Grund des § 1 des Ausführungsgesetzes zur RVO.

vom 5. August 1912 in Elsaß-Lothringen nicht errichtet. Es konnte von ihrer Errichtung um so mehr abgesehen werden, als schon unter der Herrschaft des KVG. in etwa zwei Dritteln aller Gemeinden des Landes die Krankenversicherungspflicht der land- und forstwirtschaftlichen Arbeiter eingeführt worden war und deren Mitglieder jedenfalls keine Neigung verspürt hätten, aus den Orts-KKn., deren Mitglieder sie infolgedessen waren, auszuscheiden. Es kam auch in Betracht, daß in Elsaß-Lothringen eine beträchtliche Zahl von Arbeitern vorhanden ist, die je nach ihrer Beschäftigung bald als landwirtschaftliche, bald als gewerbliche Arbeiter anzusprechen sind, und daß viele Arbeiter bei demselben Arbeitgeber gleichzeitig, in der einen und der anderen Berufstätigkeit, gleichzeitig auch, wie z. B. im Gast- und Schankwirtschaftsgewerbe, als gewerbliche Arbeiter und als Dienstboten beschäftigt werden. Es war zu befürchten, daß sich sowohl für die Versicherten als auch für die Kassen aus solchen Verhältnissen beim Nebeneinanderbestehen von Orts- und Land-KKn. eine Quelle von Streitigkeiten ergeben würde, die um so mehr vermieden werden konnte, als die sonstigen Erwägungen, die zur reichsgesetzlichen Einführung von Land-KKn. geführt haben, für Elsaß-Lothringen nicht zutreffen.

So werden denn alle diejenigen Personen, die durch die RVO. neu für versicherungspflichtig erklärt worden sind, die land- und forstwirtschaftlichen Arbeiter, die Dienstboten, die im Wandergewerbe Beschäftigten sowie die Hausgewerbtreibenden und ihre hausgewerblich Beschäftigten, soweit sie nicht etwa einer Betriebs-KK. angehören sollten, Mitglieder der Orts-KKn. sein.

Bezüglich der Orts-KKn. lagen die Verhältnisse in Elsaß-Lothringen sehr einfach. Von besonderen Orts-KKn. im Sinne der §§ 239 ff. RVO. war im Lande nur eine vorhanden, nämlich die Orts-KK. für Brauereibetriebe in Schiltigheim. Diese hat ihre Zulassung nicht beantragt, sie fällt deshalb für die Zukunft fort. Im übrigen gab es nur gemeinsame Orts-KKn. im Sinne des § 16 Abs. 4 und § 43 KVG. Es gibt keinen Gebietsteil Elsaß-Lothringens, für den nicht eine gemeinsame Orts-KK. bestand. In Lothringen galt es als Regel, daß für jeden Kreis eine Kasse errichtet wurde, nur im Kreise Saargemünd waren zwei Kassen und umgekehrt für die beiden Kreise Diedenhofen-Ost und Diedenhofen-West zusammen nur eine Kasse vorhanden. Anders lagen die Verhältnisse im Elsaß. Hier hatten sich im Laufe der Jahre in jedem Kreise eine Anzahl von kleineren Orts-KKn. gebildet, die an ihrer Sonderexistenz mit zäher Liebe festhielten und, zum Teil geradezu nur Zwergkassen, selten in der Lage waren, in bemerkenswerter Weise über die Regelleistungen des Gesetzes hinauszugehen. Es entstand die Frage, ob man durch Zulassung oder Ausgestaltung alle diese Kassen bestehen lassen sollte. Von den Vorständen wurden nach dieser Richtung die lebhaftesten Anstrengungen gemacht; sie wiesen auf die bisherige Leistungsfähigkeit der Kassen hin, sowie darauf, daß sie gut funktionierten und daß sowohl Arbeitgeber als auch Versicherte sich in ihnen wohl fühlten, während die entgegengesetzte Strömung sich darauf stützte, daß, je größer eine Kasse sei, desto bedeutender sich ihre Leistungsfähigkeit entwickele, und daß nur große Kassen in der Lage seien, ohne zu starke Inanspruchnahme der Beitragskraft ihrer Mitglieder den Versicherten über die gesetzlichen Mindestforderungen hinausgehende Zuwendungen zukommen zu lassen und insbesondere die dringend wünschenswerte Krankenhilfe für die Angehörigen zu ermöglichen, wie es ja auch im Wesen des Assoziationsgedankens liege, daß möglichst große Verbände zusammenwirken. Diesen letzteren Erwägungen trägt die Ausführungsanweisung zur RVO. Rechnung, indem sie bestimmt, daß für den Bezirk eines jeden VA. in der Regel nur eine allgemeine Orts-KK. zu errichten sei und Ausnahmen nur mit Genehmigung des Ministeriums zugelassen werden dürfen. Dieser Grundsatz einer tunlichsten Zentralisation blieb auch maßgebend gegenüber allen Anträgen der gemeinsamen Orts-KKn. auf Ausgestaltung zur allgemeinen Orts-KK.

Indem dabei als oberster Grundsatz aufgestellt wurde, daß das Recht des Vertreters des Gemeindeverbandes, eine allgemeine Orts-KK. nach § 231 RVO. zu errichten, unter allen Umständen dem Rechte bestehender gemeinsamer Orts-KKn. auf Ausgestaltung zur allgemeinen Orts-KK. vorgehe, wurde doch anderseits anerkannt, daß die Ausgestaltung einer bisherigen gemeinsamen Orts-KK. eine wesentliche Vereinfachung des Verfahrens bedeute. Dementsprechend richtete sich das Bestreben darauf, die bestehenden gemeinsamen Orts-KKn. auszugestalten, und zwar im Sinne des Grundsatzes tunlichster Zentralisation in der Weise, daß, soweit nicht für den Bezirk eines VA. schon bisher nur eine Orts-KK. bestanden hatte, diejenige der vorhandenen Kassen ausgestaltet wurde, die einen hinreichend großen Teil von Kassenpflichtigen umfaßte, um auf Grund des Art. 15 Abs. 2 EG. z. RVO. ausgestaltet werden zu können. Auf diese Weise wurde erreicht, daß nur für einen Versicherungsamtsbezirk, in welchem die bestehenden Kassen ungefähr gleich groß waren und deshalb den Wunsch hegten, daß nicht etwa eine von ihnen unter Aufsaugung der anderen ausgestaltet werde, die Errichtung einer neuen allgemeinen Orts-KK. beschlossen wurde, während für jeden anderen Versicherungsamtsbezirk eine der bestehenden Kassen ausgestaltet wurde. Nur in zwei Bezirken, wo es die örtlichen Verhältnisse und die Ausdehnung des Kreises erforderten, wurden mehrere bestehende Orts-KKn. ausgestaltet, während umgekehrt in zwei Fällen die Ausgestaltung einer Orts-KK. für den Bezirk zweier VÄ. zugestanden wurde. So bestehen vom 1. Januar 1914 ab für das ganze Gebiet von Elsaß-Lothringen mit einer Bevölkerung von etwa 1,75 Millionen Einwohnern 27 allgemeine Orts-KKn., die insgesamt ungefähr 195000 Mitglieder zählen werden. Hiervon entfallen allein auf die Orts-KK. Straßburg ungefähr 40000 Mitglieder, so daß im übrigen auf durchschnittlich 60000 Seelen und 6000 Mitglieder eine Orts-K.K. entfällt. Hiermit ist dem Gedanken der auf Hebung der Leistungsfähigkeit gerichteten, tunlichst weitgehenden Zentralisation in möglichst weitgehendem Maße Rechnung getragen worden, bei gleichzeitiger Berücksichtigung der wirtschaftlichen Zusammengehörigkeit der Amts- und Kassenbezirke. Welchen Erfolg die Zusammenziehung einer Kasse über einen größeren Bezirk zeitigt, das beweisen die Verhältnisse der Orts-KK. Diedenhofen, die sich über zwei Kreise erstreckt und trotz der Erhebung verhältnismäßig geringer Beiträge die größtmöglichsten Leistungen gewährt. Immerhin war bei der Konzentration die historische Entwicklung in Rücksicht zu ziehen und darauf hinzuwirken, daß tunlichst jegliche Schädigung einzelner vermieden wurde. Deshalb ist seitens der OVA. das Bestreben gezeigt worden, die neuen allgemeinen Orts-KKn. auf Grund des § 415 RVO. zur Bildung von Sektionen für solche Bezirke zu veranlassen, für welche bisher eine selbständige gemeinsame Orts-KK. bestanden hat. Auf diese Weise können die bisherigen Kassenbeamten als Sektionsbeamte weiter beschäftigt werden, so daß sie nicht plötzlich brot- und beschäftigungslos werden. Dieser Erwägung mußte Rechnung getragen werden, wenn auch dadurch einer der Vorteile der Zentralisation, der in der Vereinfachung der Verwaltung besteht, voraussichtlich erst in einer Reihe von Jahren in die Erscheinung treten wird.

Neben den Orts-KKn. waren, wie es bei den zahlreichen großindustriellen Betrieben des Landes nur natürlich ist, mehr als 300 Betriebs-KKn. mit fast 180000 Mitglieder vorhanden. Wenn von diesen auch eine Reihe der kleineren Kassen nach dem Inkrafttreten der RVO. ausgeschieden ist, so wird dadurch die Gesamtzahl der Mitglieder der Betriebs-KKn. nur verhältnismäßig unerheblich gemindert, so daß diese nach wie vor die gleiche Bedeutung als Versicherungsträger wie die Orts-KKn. beanspruchen werden. Nach dem Stande vom 1. Januar 1914 bestehen 261 Betriebs-KKn. mit rund 166000 Mitgliedern.

II. Die brennendsten Fragen für die neuen Kassen sind die der Arzneiversorgung und der ärztlichen Hilfe für die Versicherten. In ersterer Beziehung sind den Kassen mit wenigen Ausnahmen bisher besondere Schwierigkeiten nicht entstanden. Auf beiden Seiten hat stets das Bestreben vorgeherrscht, sich gegenseitig entgegenzukommen, so daß es zu ernsteren Konflikten nicht gekommen ist. Im allgemeinen wurde ein Rezepturrabatt von 10 Proz. gewährt. Einzelne Kassen, wie insbesondere die Orts-KK. in Straßburg, hatten dann noch eine Handverkaufstaxe mit der Apothekervereinigung vereinbart, und auf diese Handverkaufstaxe erhält die Orts-KK. Straßburg vertragsweise noch eine Extravergütung von 5 Proz. gegen die Verpflichtung, auch die dort aufgeführten Mittel ausschließlich in Apotheken zu beschaffen. Der hierauf bezügliche Vertrag bleibt noch zwei Jahre in Wirksamkeit, und zwar auch gegenüber derjenigen Handverkaufstaxe, welche jetzt mit Bezug auf § 376 Abs. 2 RVO. nach der Ausführungsanweisung vom Ministerium einheitlich für das Gebiet von Elsaß-Lothringen festgestellt wird. Ergänzungen der Handverkaufsliste können je nach lokalen Bedürfnissen von den Bezirkspräsidenten vorgenommen werden, die außerdem angewiesen sind, im Falle des Bedürfnisses eine Anordnung nach Maßgabe des § 376 Abs. 3 RVO. zu erlassen. Anderseits dürfen die Apotheken für die im Handverkauf abzugebenden Arzneimittel höhere als die in der amtlichen Handverkaufsliste verzeichneten Preise nicht anfordern. Im übrigen ist angeordnet worden, daß die Apotheken den KKn. für die Arzneien einen Abschlag von den Preisen der Arzneitaxe in der Höhe von 10 Proz. zu gewähren haben. Der Abschlag tritt ohne Beschränkung auf bestimmte Mindestlieferungen, aber stets nur dann ein, wenn die Bezahlung innerhalb dreier Monate nach Einreichung der Rechnung an den Kassenvorstand erfolgt. Auf fabrikmäßig hergestellte Zubereitungen, die in fertiger Aufmachung mit einem Aufschlag von 60 oder weniger Prozent des Einkaufspreises abgegeben werden, findet aber ein Abschlag vom Taxbetrage nicht statt.

Was die ärztliche Hilfe anbetrifft, so ist die Frage noch im Fluß. Auch nach dieser Richtung haben bisher im allgemeinen befriedigende Verhältnisse im Lande bestanden. Tatsächlich war mit Ausnahme von einigen größeren Kassen, insbesondere Straßburg, die freie Arztwahl bei den Orts-KKn. durchgeführt, während die Betriebs-KKn. regelmäßig fest angestellte Ärzte haben. Zum Teil war die freie Arztwahl dadurch beschränkt, daß insbesondere in ländlichen Kassen die Mitglieder andere als die nach Herkommen lokal für sie in Betracht kommenden Ärzte nur in Anspruch nehmen durften, insoweit dadurch für die Kassen keine höheren Kosten erwuchsen. In den meisten dieser Kassen wurden Pauschalbeträge von 4 M., vereinzelt auch darüber und in einigen Kassen auch darunter, für den Kopf des Mitglieds gewährt. Extravergütungen wurden nicht erstattet; doch gibt es auch hier Ausnahmen, wie z. B. in einer Orts-KK. für solche Mitglieder, die in entlegenen Gebirgsgemeinden wohnen, Zuschläge zu den Pauschalbeträgen zu zahlen waren. Die Stadt Straßburg hat einen noch mehrere Jahre wirksamen Vertrag mit etwa 55 Ärzten abgeschlossen, denen zufolge 2500—4000 ℳ (bei jährlicher Steigerung um 500 ℳ und nach Erreichung des Höchstbetrags von 4000 ℳ um 300 M) zu entrichten sind, wozu dann noch Extravergütungen für Geburtshilfe, Nachtbesuche und Narkose treten. Ein neuer Vertrag war unabhängig und vor dem Berliner Abkommen vom 23. Dezember 1913 nur zwischen der Orts-KK. Mülhausen und ihren bisherigen Kassenärzten zustande gekommen, der auf der Grundlage beruht, daß unter Einrechnung der Familienbehandlung der Kassenmitglieder eine Pauschalsumme von 6 ℳ für den Kopf der Mitglieder gezahlt wird. Im übrigen waren zwischen den meisten Orts-KKn. und den ärztlichen Kreisorganisationen Vereinbarungen zustande gekommen, deren endgültiger Abschluß ärztlicherseits von der Zustimmung des Leipziger Verbandes abhängig gemacht wurde. Hiernach wurde der Vertrag zwischen dem Ärzteverein des Kreises und der KK. auf der Grundlage abgeschlossen, daß als Kassenärzte auf ihren Antrag zugelassen wurden: 1. alle Mitglieder des Ärztevereins; 2. alle sonstigen innerhalb und außerhalb des Kassenbezirkes, im Bereiche der an den Kassenbezirk anstoßenden Kreise ansässigen Ärzte; 3. alle im Bezirke des zuständigen OVA. ansässigen Spezialärzte zur Sprechstundenbehandlung solcher Versicherten, die von Kassenärzten überwiesen werden. Als Honorare werden grundsätzlich Pauschalvergütungen gewährt, die meistens die bisher gewährten Vergütungen erheblich übersteigen und für den auf fünf Jahre abgeschlossenen Vertrag in der Weise berechnet werden, daß sie zu Beginn der Vertragsdauer einen geringeren Betrag ausmachen, um den Kassen das Einleben in die neuen Verhältnisse zu erleichtern, und allmählich bis zu einem Höchstbetrag im fünften Vertragsjahr ansteigen. Hat eine Kasse Familienbehandlung eingeführt, so erhöhen sich die Pauschalbeträge um die Hälfte bis zu zwei Dritteln auf den Kopf aller Mitglieder je nach den Verhältnissen der Kasse. Streitigkeiten werden durch eine paritätisch besetzte Einigungskommission entschieden. Kommt diese zu keinem Resultate, so wird sie durch den Hinzutritt des Direktors des OVA. als Vorsitzenden zu einem Schiedsgericht konstituiert, dessen Zuständigkeit eine ausschließliche ist. Soweit auf dieser Grundlage Verträge bisher noch nicht zustande gekommen sind, haben sich die beteiligten Kreise dem Berliner Abkommen vom 23. Dezember 1913 unterworfen, so daß die ärztliche Versorgung der KKn. gesichert ist. Einen schriftlichen Arztvertrag besitzen zurzeit (Mitte Januar 1914) 14 Orts- und 118 Betriebs-KKn. sowie eine Innungs-KK.; bei den übrigen ist die ärztliche Versorgung vorläufig ohne schriftlichen Vertrag gesichert.

Grundsätzlich hat die Ausführungsanweisung ausgesprochen, daß ärztliche Behandlung im Sinne des Gesetzes nur durch approbierte Ärzte, bei Zahnkrankheiten auch durch approbierte Zahnärzte, geleistet werden kann. Anderseits können Zahnkrankheiten auch in beschränktem Umfang durch Zahntechniker behandelt werden. Hinsichtlich der Zahnpflege hatten die KKn. des Landes bisher wenig geleistet; im wesentlichen hatte nur die Orts-KK. Straßburg eine ausgiebige Regelung getroffen. Diese Kasse wird auch jetzt, nach Inkrafttreten der RVO., sich diese Pflege besonders angelegen sein lassen. Es wird von ihr eine Zahnklinik mit einem Direktor und vier besoldeten Zahnärzten, denen noch drei Zahntechniker für die technischen Arbeiten zur Seite stehen sollen, errichtet werden. Im übrigen ist durch die Ausführungsanweisung dafür Vorsorge getroffen, daß Zahnkrankheiten nur durch Zahnärzte und nur mit Zustimmung des Patienten auch durch Zahntechniker behandelt werden dürfen. Nur dann, wenn keine genügende Zahl von Zahnärzten im Bezirke des VA. vorhanden ist, kann dieses ohne die Zustimmung des Versicherten die Behandlung auch durch dort ansässige Zahntechniker gestatten, wenn diese mindestens 25 Jahre alt und im Besitze der bürgerlichen Ehrenrechte sind, eine dreijährige Lehrzeit nachgewiesen, eine mindestens dreijährige Tätigkeit als Gehilfe zurückgelegt und eine Prüfung bestanden haben. Auf die Gehilfenzeit wird die Zeit einer etwaigen Ausbildung an einer staatlichen Lehranstalt oder an einem von dem Verbande der Dentisten geschaffenen Lehrinstitut angerechnet. Auf diese Weise wird nach Möglichkeit erreicht, daß da, wo zahnärztliche Fürsorge nicht Platz greifen kann, die Versicherten jedenfalls in die Behandlung von nur gut vorbereiteten Zahntechnikern eintreten. Mund- und Kieferkrankheiten dürfen durch Zahntechniker niemals behandelt werden.

---

8. Die Organisation in Hamburg.
Von Regierungsrat Dr. Sonderhoff,
Vorsitzendem des Versicherungsamts Hamburg.

Bei der Darstellung der nunmehr im wesentlichen beendeten Neuorganisation der Krankenversicherung fließen gar leicht Worte der Kritik über Wert und Nutzen des mühsamen Werkes dem zur Durchführung der gesetzlichen Neuerungen Berufenen in die Feder, wohl auch Worte der Abwehr gegen die vielfache Kritik Berufener und Unberufener an der Tätigkeit der ausführenden Stellen. Die folgenden Ausführungen sollen sich jedoch auf die bei der Durchführung der Organisationsarbeiten leitenden Gesichtspunkte und auf die Darlegung der Ergebnisse der Neuorganisation beschränken, also lediglich über das Geschaffene sachlich berichten.

Im Staatsgebiete Hamburg bestanden am Jahresschlusse 1912 an Krankenversicherungseinrichtungen für die der Reichsversicherung unterliegenden Personen:

24 Gemeindekrankenversicherungen mit zusammen etwa	10 500 Versicherten
21 Orts-KKn. mit zusammen etwa	137 500 "
53 Betriebs-KKn. mit zusammen etwa	56 500 "
8 Innungs-KKn. mit zusammen etwa	16 000 "
52 Eingeschriebene Hilfskassen mit Bescheinigungen aus § 75a KVG. mit etwa	107 000 "
zus. 158 Versicherungseinrichtg. m. etw.	327 500 Versicherten.

In zwei Gemeindebezirken waren alle Versicherungspflichtigen in gemeinsamen Orts-KKn. versichert, während mit Ausnahme des Gebiets der

Stadt Hamburg in den übrigen Gemeindebezirken neben den Gemeindekrankenversicherungen Orts-KKn. nicht vorhanden waren. In der Stadt Hamburg bestanden neben der Gemeindekrankenversicherung 19 Orts-KKn., jede für mehrere verwandte Gewerbszweige, mit etwa 135000 Versicherten, so daß auf jede dieser großstädtischen Orts-KKn. etwa 7100 Versicherte entfielen; der Gemeindekrankenversicherung für die Stadt Hamburg verblieben nur 5000 Versicherte.

Einer weitgehenden Verschmelzung der Orts-KKn. der Großstadt, die namentlich von den gewerkschaftlich organisierten Arbeitern früher angestrebt war, hatte die Aufsichtsbehörde derzeit nicht stattgeben können, da das alte Recht die KKn. nach einzelnen Gewerbszweigen oder Betriebsarten gegliedert wissen wollte und auch die hamburgische Aufsichtsbehörde in einer solchen engeren Organisation die zweckmäßigere Form erblickte gegenüber zentralisierten, alle Berufe der gewaltigen Arbeiterschaft der Großstadt umfassenden Kassengebilden, in denen die Verwaltung die von dem KVG. gewünschte enge Fühlung mit den Arbeitgebern und Versicherten notwendig verlieren und die Leitung der Geschäfte von den ehrenamtlichen Organen in die Hände der Beamten hinübergleiten mußte.

Die RVO. hat nun den Gedanken des KVG. aufgegeben, daß die Organisation der Krankenversicherung am zweckmäßigsten in kleineren örtlichen Bezirken und nach bestimmten Berufszweigen oder Betriebsarten erfolge. Der Gesetzgeber sieht vielmehr jetzt in der Zusammenfassung aller Versicherten eines größeren Bezirkes, in der Regel des Bezirkes des VA., das im Interesse gleichmäßig günstiger Gestaltung der Versicherung erstrebenswerte Ziel. Bei der Ausführung des Gesetzes hatte man daher in erster Linie dieser Absicht auf eine Vergrößerung der Kassenbezirke und auf eine weitgehende Zentralisation der KKn. Rechnung zu tragen, soweit nicht das Gesetz den bestehenden Kassen ihre Sonderexistenz beläßt. Der Idee der allumfassenden örtlichen Einheitskasse steht das Recht der alten Kassengebilde, die sich bewährt und als leistungsfähig erwiesen haben, auf ihre weitere Zulassung entgegen. Soweit das Gesetz den bestehenden Kassen nicht ihre Fortdauer verbürgt hat, hat man auch in Hamburg dem Gedanken möglichster Zentralisation nunmehr Rechnung getragen. Die in den Gemeindekrankenversicherungen versicherten Personen sind sämtlich den neuerrichteten bzw. ausgestalteten allgemeinen Orts-KKn. überwiesen worden. Die Gemeindeverbände haben im gesamten Staatsgebiete von der Errichtung von Land-KKn. abgesehen. Bei der verhältnismäßig sehr geringen Zahl landwirtschaftlicher Betriebe im hamburgischen Staatsgebiete lag ein Bedürfnis zur Errichtung von Land-KKn. um so weniger vor, als die Arbeiter und Arbeiterinnen in den bäuerlichen Kleinbetrieben gleichzeitig in den vielfach mit dem Gemüsebau verbundenen gärtnerischen Betrieben oder anderen gewerblichen Haupt- oder Nebenbetrieben beschäftigt werden, auch vielfach ihre Tätigkeit wechseln, so daß aus dem Nebeneinanderbestehen von Orts- und Land-KKn. ständig Streitigkeiten über die Kassenzugehörigkeit und über die Höhe der für die gewerblichen Arbeiter höheren Unterstützungsansprüche entstanden wären. Zur Ausschließung von Land-KKn. brauchte der Weg der Gesetzgebung nicht beschritten zu werden, da die Gemeindeverbände und die Versicherungsbehörden von vornherein über die Nichterrichtung von Land-KKn. im Wege des § 229 RVO. einig waren.

Bei der Neuorganisation der allgemeinen Orts-KKn. war zunächst die Frage zu entscheiden, für welchen Bezirk je eine allgemeine Orts-KK. zu errichten sei. Für den weit von der Stadt Hamburg an der Elbmündung gelegenen Amtsbezirk Ritzebüttel ergab sich die Lösung dieser Frage sehr einfach dadurch, daß für diesen unter einer besonderen Amtsverwaltung stehenden Bezirk, in dem nur einzelne kleine Gemeinden sich um die Hafen- und Badestadt Cuxhaven gruppieren, ein besonderes VA. errichtet ist und schon bisher alle Versicherten dieses Bezirkes in einer gemeinsamen Orts-KK. zusammengefaßt waren. Es war daher durch die Verhältnisse gegeben, für diesen Bezirk eine allgemeine Orts-KK. zu errichten, und zwar durch Ausgestaltung der bestehenden gemeinsamen Orts-KK. zur allgemeinen Kasse. Die mannigfachen Zweifel über die Formen, in denen eine solche Ausgestaltung erfolgen muß, verloren hier ihre praktische Bedeutung dadurch, daß die Kasse den Antrag auf Zulassung und auf Ausgestaltung gestellt hatte und der Gemeindeverband mit der Ausgestaltung einverstanden war. Die von der Generalversammlung der Kasse zu ändernde alte Satzung wurde daher im Einvernehmen mit dem Gemeindeverbande neu aufgestellt, so daß eine Entscheidung der Frage überflüssig wurde, welchen Einfluß der Gemeindeverband auf die Gestaltung der neuen Satzung ausüben kann.

Die Abgrenzung des räumlichen Bezirkes der anderen allgemeinen Orts-KKn. im Staatsgebiete mußte bei möglichster Zusammenfassung der Gemeindebezirke nach der wirtschaftlichen Zusammengehörigkeit der Gebietsteile und nach den örtlichen Verkehrsverhältnissen vorgenommen werden. Eine zu große Ausdehnung der Kasse auf weit entlegene und schlecht zu erreichende Bezirke ist für die Versicherten und Arbeitgeber sowohl wie für die Verwaltung der Kasse in gleichem Maße lästig und nachteilig. Das Gesetz trägt dem Rechnung, indem es die Errichtung mehrerer Kassen (Teilortskassen) in räumlich weit ausgedehnten Versicherungsamtsbezirken zuläßt (§ 226 Abs. 2). Demgemäß ist innerhalb des übrigen Gebiets, für das nur ein VA. besteht, für die Stadt Hamburg und die mit ihr in enger Wirtschafts- und Verkehrsverbindung stehenden umliegenden Gemeindebezirke eine und für die weiter entlegenen Gemeinden, welche in der Landstadt Bergedorf ihren wirtschaftlichen und Verkehrsmittelpunkt haben, eine zweite allgemeine Orts-KK. errichtet worden, welch letztere mit dem Sitze in der Stadt Bergedorf sich auf das Gebiet der Landherrenschaft Bergedorf mit den Landgemeinden Curslack, Neuengamme und Altengamme, Kirchwärder und Geesthacht erstreckt. Demnach bestehen im Staatsgebiete nur 3 allgemeine Orts-KKn. Von der Möglichkeit, eine der im Stadtgebiete bestehenden Orts-KKn. zur allgemeinen Orts-KK. auszugestalten, hat man hier Abstand genommen. In der Stadt Hamburg hatte zwar eine der leistungsfähigsten und größten Orts-KKn. mit etwa 70000 Versicherten die Ausgestaltung ihrer Kasse beantragt. Die Ausgestaltung dieser Kasse, deren Geltungsbereich sich auf das Stadtgebiet beschränkte, hätte eine Erweiterung ihres Bezirkes auf die umliegenden Landgemeinden bedingt, deren Zulässigkeit zweifelhaft erschien. Die Ausgestaltung erschien aber vor allem aus dem Grunde nicht tunlich, weil die zur allgemeinen Orts-KK. ausgestaltete Kasse mit Rücksicht auf die Ungewißheit ihrer Rechnungsgrundlagen infolge der hinzukommenden Mitglieder ihre gegenwärtig sehr weit ausgedehnten Leistungen hätte einschränken müssen und die Generalversammlung der Kasse mit einer Kürzung ihrer bisherigen Rechte jedenfalls nicht einverstanden gewesen wäre. Nebenher war auch für diesen Entschluß bestimmend, daß die allgemeine Orts-KK. bei ihren verschiedenartigen Risiken, ihrer schwierigeren Verwaltung und ihrem größeren Bezirke möglichst von allen geschäftlichen Hemmnissen und finanziellen Beschwerungen im Anfang befreit sein muß, die auf der Verwaltung einer älteren großen Orts-KK. einer Großstadt lasten.

Auch in dem Gebiete der Landherrenschaft Bergedorf hatte eine für den Bezirk einer städtisch bebauten Landgemeinde bestehende gemeinsame Orts-KK. den Antrag auf Ausgestaltung zur allgemeinen Orts-KK. für ihren Bezirk gestellt. Dieser Antrag wurde durch den Beschluß des Gemeindeverbandes auf Errichtung einer allgemeinen Orts-KK. für den ganzen Bezirk der Landherrenschaft Bergedorf unter Einschluß dieses Teilbezirkes gegenstandslos. Dieser Beschluß beruhte auf der Erwägung, daß der Bezirk und die Zahl der Versicherten einer auf diesen Teil des Gebiets beschränkten allgemeinen Orts-KK. zu klein werden würde. Auch mußte der Antrag dieser Kasse auf Zulassung als besondere Orts-KK. für ihren Bezirk abgelehnt werden, weil dann in diesem Bezirke nur die landkassenpflichtigen Mitglieder der allgemeinen Kasse verblieben wären, die für diesen Bezirk mit Rücksicht auf die räumliche Entfernung von Bergedorf eine Sektion einrichten mußte, deren Kosten im Verhältnis zu der alsdann geringen Zahl der von der allgemeinen Ortskasse in diesem Bezirke zu versorgenden Mitglieder in keinem Verhältnis gestanden hätten.

Im Stadtgebiete Hamburg hat man anderseits mehr als anscheinend in anderen Teilen des Reiches die bisherigen beruflichen Orts-KKn bestehen lassen, während anderen Ortes der Zentralisationsgedanke sich auch gegenüber den bestehenden Orts-KKn. in stärkerem Maße durchgesetzt hat. Diese Verschiedenheiten in der Durchführung der Neuorganisation erklären sich zum Teil aus abweichenden örtlichen Verhältnissen, zum Teil aber wohl auch aus abweichender Anwendung der maßgebenden Rechtsgrundsätze. Die schwer miteinander zu vereinigenden gegensätzlichen Interessen der bestehenden Kassen auf Erhaltung ihrer Existenz und der neuen örtlichen Einheitskassen auf Erreichung einer für ihre Lebens- und Leistungsfähigkeit ausreichenden Mitgliederzahl hat der Gesetzgeber zwar zu gunsten der allgemeinen Kassen entschieden, indem er die im allgemeinen anerkannte Existenzberechtigung der besonderen Kassen den Lebensinteressen der örtlichen Einheitskasse unterordnen will. Die besonderen Kassen können nach dem Gesetze nur dann zugelassen werden, wenn ihr Fortbestand den Bestand oder die Leistungsfähigkeit der allgemeinen Kassen nicht gefährdet. Diese Begriffe sind naturgemäß dehnbar und lassen dem freien Ermessen der ausführenden Behörden weiten Raum. Bei der Beurteilung dieser Ermessensfragen hat man in Hamburg besonderen Wert auf die Erklärungen der Regierungsvertreter vor dem Reichstag über die Absicht des Gesetzes gelegt. Nach den programmatischen Erklärungen soll die durch das Gesetz angebahnte Zentralisation nur die wenig leistungsfähigen kleinen Kassengebilde beseitigen, dagegen keinen Zwang auf die leistungsfähigen beruflichen Kassen ausüben, um sie in zentralisierte Kassen aufgehen zu lassen. Demgemäß ist man hier von der Auffassung ausgegangen, daß man nicht im Interesse einer möglichst günstigen Gestaltung der Einheitskasse die Begriffe der Leistungsfähigkeit und Gefährdung zu weit auslegen dürfe. Daß die Leistungsfähigkeit der neu zu errichtenden allgemeinen Kasse stets durch die Fortexistenz besonders leistungsfähiger großer Kassen mit günstigem Versichertenmaterial, das mehr noch als in den gewerblichen Orts-KKn. in den Betriebs-KKn. zu finden ist, in gewissem Umfang beeinträchtigt wird, ist zweifellos. Im Gegensatze zu einer solchen Beeinträchtigung ist aber eine Gefährdung hier nur dann angenommen, wenn die Möglichkeit in Frage gestellt wäre, mit normalen Beiträgen, entsprechend den hiesigen Verhältnissen etwa 4% des Grundlohnes, die bei den größeren leistungsfähigen Kassen allgemein üblichen Leistungen, die über die Regelleistungen hinausgehen, zu gewähren. Eine zuverlässige Berechnung ließ sich selbstverständlich zunächst nicht vornehmen; allgemeine Schätzungen und Annahmen mußten daher an deren Stelle treten. Eine verhältnismäßig geringe Zahl der der allgemeinen Ortskasse verbleibenden Versicherten durfte im Hinblick auf § 242 RVO. nicht für sich als ausschlaggebend angesehen werden, wie auch erfahrungsmäßig die finanziellen Ergebnisse einer Kasse weniger durch die große Zahl der Versicherten, als durch andere Faktoren beeinflußt werden, wie die Krankheitsgefahr einzelner Berufe, die wirtschaftliche oder soziale Lage der Versicherten, die größere Ausdehnung der Bezirke, deren Folge eine Verteuerung des Verwaltungsapparats und eine Erschwerung der

Kontrolle ist, und weiteres mehr. Ein besonders ungünstiges Risiko in der Krankenversicherung stellen bekanntlich die häuslichen Dienstboten der Großstadt dar. In der Stadt Hamburg waren die Dienstboten bereits auf Grund landesrechtlicher Bestimmungen in einer besonderen Dienstboten-KK. versichert, der am Schlusse des Vorjahres über 34000 Mitglieder angehörten. Die finanziellen Ergebnisse dieser Kasse sind nur deshalb nicht ungünstige, weil die Arbeitgeber den Hauptteil der Beiträge tragen, weil nur erweiterte Krankenpflege gewährt wird und die gesamten Kosten der Verwaltung aus öffentlichen Mitteln getragen werden. Man hat sich hier entschlossen, diese Kasse für die Versicherung der Dienstboten in dem mit dem Bezirke der Allgemeinen Orts-KK. Hamburg sich deckenden Bezirke bestehen zu lassen und auf Grund des § 440 RVO. die Dienstboten dieses Bezirkes von der Versicherung nach den allgemeinen Bestimmungen der RVO. zu befreien. Dies erschien besonders im Interesse der Dienstboten erwünscht, da die Dienstboten-KK. bei sehr geringen Beiträgen der Versicherten, nämlich monatlich 60 Pf. oder 9/24 der Gesamtbeiträge, mit ihrer Rekonvaleszentenfürsorge und ihren umfassenden zahnärztlichen Leistungen — die Zahl der zahnärztlichen Konsultationen belief sich im Vorjahre auf etwa 25000 — wesentlich mehr gewährt, als die allgemeine Orts-KK. bei Zugrundelegung der §§ 435ff. RVO. diesen Versicherten gewähren würde. Durch die Ausscheidung der häuslichen Dienstboten aus der allgemeinen Orts-KK. konnten die Verhältnisse dieser Kasse nur günstig beeinflußt werden. Von den übrigen landkassenpflichtigen Personen fallen die Wandergewerbtreibenden sowie die in der Land- und Forstwirtschaft beschäftigten Personen in diesem Bezirke nicht ins Gewicht; auch die versicherungstechnisch für die Kassen ungünstigen Hausgewerbtreibenden werden die finanziellen Ergebnisse der allgemeinen Kasse zunächst nicht wesentlich beeinflussen können, weil die Mehrzahl in besonderen Kassen freiwillig versichert ist und nach Art. 29 EG. z. RVO das Recht auf Verbleiben in ihrer bisherigen Kasse hat und davon Gebrauch machen wird. In der Hauptsache werden sich demnach die Mitglieder der neuen Allgemeinen Orts-KK. zu Hamburg aus den bisherigen Angehörigen der Gemeindekrankenversicherungen und aus unständig Beschäftigten zusammensetzen, die in der Hafenstadt Hamburg mit ihren eigentümlichen Betriebsverhältnissen im Hafen eine sehr hohe Zahl erreichen. Letztere befinden sich zurzeit zumeist in freien Hilfskassen und werden voraussichtlich auch zum großen Teil Mitglieder der zu Ersatzkassen umgewandelten Hilfskassen bleiben und von dem Rechte auf Befreiung von den Pflichten und Rechten als Mitglieder der allgem. KK. Gebrauch machen. Da das Arbeitgeberdrittel dieser Mitglieder der Kasse zufällt, so werden ansehnliche Beträge der Kasse zufließen, die als Ausgleich für das größere Leistungsrisiko für die unständigen Arbeiter wirken. Nach den hiesigen Verhältnissen konnte man im Anfang auf etwa 20000 zur allgemeinen Orts-KK. gehörende Personen rechnen, wenn man die bisher in besonderen Kassen Versicherten außer Betracht läßt. Unter diesen Umständen konnte eine ernste Gefährdung des Bestandes oder der Leistungsfähigkeit der Allgemeinen Orts-KK. Hamburg infolge des Fortbestehens der besonderen Orts-KKn. einstweilen nicht mit genügendem Grunde angenommen werden. Es ist bei der nicht zu leugnenden Ungewißheit aller Vermutungen naturgemäß nicht ausgeschlossen, daß die finanziellen Ergebnisse der neuen Kasse sich dennoch ungünstiger gestalten werden als bei dem Durchschnitt der fortbestehenden besonderen Kassen. Da aber die besonderen Kassen auch nachträglich nach ihrer Zulassung wieder geschlossen werden können oder müssen, wenn sich später herausstellt, daß ihr Fortbestand die Leistungsfähigkeit der allgemeinen Kasse gefährdet, so erschien es richtiger, zunächst die Entwicklung der Dinge abzuwarten und die in die Rechte der Versicherten und in die vielfachen mit der Existenz großer Kassen verbundenen wirtschaftlichen Interessen schwer eingreifenden Entschlüsse zurückzustellen, bis unanfechtbare rechnerische Grundlagen und Tatsachen vorliegen, die die Notwendigkeit solcher Maßnahmen klar in Erscheinung treten lassen. Orts-KKn. für einzelne Bezirke oder allein für Mitglieder weiblichen Geschlechts waren nicht vorhanden, auch gemischte Orts-KKn., die sich außer auf einzelne Gewerbszweige auch auf bestimmte Betriebsarten erstreckten, gab es in Hamburg nicht. Soweit in den Satzungen auch Betriebsarten als zur Kasse gehörig bezeichnet waren, handelte es sich stets um Bezeichnungen des Gegenstandes der Unternehmung, also um Bezeichnungen der beruflichen Zugehörigkeit, nicht aber um Unterscheidungen nach den Mitteln und Methoden des Betriebs, also um Betriebsarten im rechtlichen Sinne. Die Größe der einzelnen Orts-KKn. war sehr verschieden, die größte hatte eine Mitgliederzahl von etwa 67000, die kleinste eine solche von 121, letztere mußte geschlossen werden wegen ihrer unzureichenden Mitgliederzahl. Den Zulassungsanträgen aller übrigen Kassen dagegen wurde entsprochen, da sie, wenn sie auch zum erheblichen Teil den Reservefonds noch nicht voll aufgefüllt hatten, doch zweifellos leistungsfähig waren und die formellen Voraussetzungen für ihre Zulassung erfüllt hatten. Die durchschnittliche Mitgliederzahl der bestehenbleibenden Orts-KKn. beträgt daher etwa 7500, eine Zahl, die von der allgemeinen Orts-KK. der Stadt Hamburg erheblich überschritten werden wird.

Da die größere Zahl der Versicherten in den Orts-KKn. versichert ist, so konnte bei den Betriebs- und Innungs-KKn. eine Gefährdung der allgemeinen Kassen nicht angenommen werden, solange man die größere Zahl in besonderen Orts-KKn. beließ. Von den Betriebs-KKn. lösten sich 4 mit zusammen 1125 Versicherten freiwillig auf, 10 mußten geschlossen werden, da die Zahl ihrer Mitglieder im Durchschnitt der drei Jahre 1910, 1911 und 1912 die Mindestzahl von 100 nicht erreichte. Ihre Neuerrichtung auf den 1. Januar 1914 beantragten 4 Betriebs-KKn. Von diesen waren 2 geschlossen worden, weil die Arbeiter des Betriebs in der Mehrzahl in eingeschriebenen Hilfskassen versichert waren, so daß der Betriebsunternehmer nur den Eintritt in die Betriebs-KK. herbeizuführen brauchte, um die für die Neuerrichtung nötige Mitgliederzahl zu erreichen. Da alle gesetzlichen Voraussetzungen für die Neuerrichtung der Kasse gegeben waren, so konnte die Wiederherstellung der Kassen nicht verhindert werden, obschon die Schließung der Kassen damit praktisch wieder aufgehoben wurde. Der Bestand der Innungs-KKn. blieb unverändert.

Die einfachen Förmlichkeiten der Zulassung wurden in keinem Falle verletzt. Das ist weniger aus der Sachkenntnis der Kassenverwaltungen als daraus zu erklären, daß die VÄ. es sich angelegen sein ließen, auf die notwendigen geschäftlichen Erfordernisse rechtzeitig hinzuweisen.

Bei den Orts-KKn. bestanden Zweifel darüber, ob die Beschlüsse der Generalversammlungen über die neue Satzung nach den alten Vorschriften stets mit Stimmenmehrheit der Anwesenden zu fassen seien, oder ob bereits die Vorschriften des § 345 Abs. 3 RVO. zu beachten seien. Die hamburgischen Versicherungsbehörden haben im Hinblick auf Art. 1 EG. z. RVO. die letztere Auffassung vertreten, indem sie davon ausgingen, daß die Beschlüsse der Generalversammlungen über den Inhalt der neuen Satzungen Maßnahmen der Durchführung des Gesetzes darstellten, die insoweit der Herrschaft des neuen Gesetzes unterstehen müssen, als dessen sinngemäße Anwendung möglich ist. Unanwendbar waren die Vorschriften über die getrennte Abstimmung naturgemäß bei solchen Ortskassen, bei denen Arbeitgebervertreter nicht vorhanden waren. Die Kassen, die rechtzeitig auf diese Auffassung hingewiesen waren, haben sich auch ausnahmslos auf den Boden dieser Anschauung gestellt. Überhaupt zeigte sich bei allen Kassen, und zwar sowohl bei den Arbeitgebern wie den Versicherten, das ängstliche Bestreben, allen Anforderungen gerecht zu werden, um nur ihre Kasse am Leben zu halten und nicht in die Einheitskasse aufzugehen, obschon die Leitungen der freigewerkschaftlichen Arbeiterorganisationen die Weisung ausgegeben hatten, für eine Verschmelzung der Kassen durch Aufgehen in die Einheitskasse einzutreten. Allerdings ließen die anfänglichen Zentralisationsbestrebungen der freigewerkschaftlich organisierten Arbeiter, die in allen Orts-KKn. Hamburgs die Mehrheit erlangt haben, erst dann nach, als feststand, daß die Zentralisation nicht durch Ausgestaltung einer der bestehenden Kassen zu erreichen war.

Die VÄ. hatten mit Rücksicht auf das späte Erscheinen der Mustersatzungen die nach Artikel 19 EG. zu setzende Frist für die Einreichung der neuen Satzungen bis zum 30. Juni 1913 ausgedehnt. Dadurch, daß das Ende der Frist mit dem Ablauf der im Artikel 21 gesetzten Frist zusammenfiel, konnten die Zweifel auf sich beruhen bleiben, ob es sich im Artikel 19 nur um eine Ordnungsvorschrift handelt, deren Nichtbeachtung der Zulassung nicht schadet, oder ob auch die von den VÄ. gesetzten Fristen die gleiche ausschließende Wirkung haben wie die gesetzliche Frist des Artikels 21.

Der Artikel 19 ist auch hier im Einklang mit der Auffassung des Reichsamts des Innern — sehr zugunsten der Kassen — dahin interpretiert worden, daß es genüge, wenn bis zu dem 30. Juni 1913 die Satzung zur Anpassung an das neue Recht unter Beachtung der vorgeschriebenen Formen aufgestellt und dem VÄ. eingereicht sei. Die Folge war allerdings, daß die endgültige Fertigstellung der neuen Satzungen, deren ursprüngliche Fassungen in keinem Falle dem Gesetze vollkommen entsprachen und in vielen Punkten vor ihrer Genehmigung zu ändern waren, sich bis zum Ende des Jahres 1913 hinzog, und daß die letzten Satzungen erst kurz vor dem 1. Januar 1914 genehmigt werden konnten. Die Frage, welche Rechtsfolgen es gehabt hätte, wenn eine Satzung nicht bis dahin endgültig genehmigt werden konnte, ist hier nicht praktisch geworden, da die von den VÄ. bei der Prüfung und dem OVA. vor der Genehmigung angeregten oder geforderten Änderungen ausnahmslos von den Kassen noch rechtzeitig vorgenommen wurden, um den möglichen Folgen einer Schließung zu entgehen.

Die bei der Prüfung der Satzung sich ergebenden mannigfachen und zahlreichen Zweifelsfragen können im Rahmen dieser Abhandlung nicht besprochen werden. Grundsätzlich erstreckte sich die Prüfung auf den gesamten Inhalt der Satzung, also auch auf solche Vorschriften, die auf Grund sachlich gleichlautender Vorschriften des alten und neuen Gesetzes unverändert übernommen waren, so daß auch solche alten Satzungsbestimmungen beanstandet wurden, die bereits nach altem Rechte als gesetzlich unzulässig anzusehen waren. Dies beruht auf der Auffassung, daß es sich bei der Aufstellung einer der RVO. entsprechenden Satzung nicht um einzelne Änderungen oder Ergänzungen der alten Satzung, sondern um eine rechtlich als vollkommene Neuordnung der Satzung anzusehende Neuaufstellung der damit beseitigten alten Rechtsregeln handelt.

Bei der Prüfung der dauernden Leistungsfähigkeit der besonderen Orts-KKn., der Betriebs- und Innungs-KKn. ging man davon aus, daß das Gesetz die Fähigkeit zur Gewährung von Leistungen im Auge hat, die mit denen der allgemeinen Kasse mindestens gleichwertig sind, da die Kasse geschlossen werden muß, wenn sie gleichwertige Leistungen nicht aufzubringen in der Lage ist. Denn die Leistungsfähigkeit ist ein relativer Begriff, der eine Vergleichung mit den Verhältnissen anderer Kassen voraussetzt, unter denen nach der Absicht des Gesetzgebers die Lage der allgemeinen Kasse maßgebend sein soll. Eine Kasse kann aber weiter nur dann als leistungsfähig angesehen werden, wenn die Beiträge zur Aufbringung der zur Gewährung gleichwertiger Leistungen erforderlichen Mittel in erträglichen Grenzen bleiben und die Steuerkraft der Beitragspflichtigen, damit die finanzielle Kraft der Kasse auf die Dauer gesichert sei und auch für künftige Ansprüche ausreiche, nicht bereits bis zum Äußersten angespannt ist. Dabei wurde hier nicht als unerläßlich das Vorhandensein des vollen Reservefonds gefordert, da viele Kassen nur aus dem Grunde den Reservefonds noch nicht voll angesammelt hatten, weil sie es vorgezogen hatten, ihre Leistungen auszudehnen, anstatt zunächst den Reservefonds zu ergänzen. Soweit die Kassen daher in der Lage waren, durch mäßige Erhöhung ihrer Beiträge nunmehr auch die erforderliche schnellere Vermehrung der Vermögensbestände in absehbarer Zeit zu sichern, konnte ihre Leistungsfähigkeit nicht in Zweifel gezogen werden. Die Leistungsfähigkeit konnte ferner auch bei solchen Kassen nicht zweifelhaft sein, die — wie manche Betriebs-KKn. — auf den Mindest- oder Regelleistungen stehen geblieben waren, um ihre Beiträge recht niedrig zu halten, wenn eine Erhöhung der Beiträge auf die normale Höhe von etwa 4 vom Hundert unzweifelhaft erhebliche Mehrleistungen ermöglichen würde. Da die Gleichwertigkeit aber im Hinblick auf § 260 RVO. einstweilen nicht verneint werden konnte, solange die neu errichteten allgemeinen Orts-KKn. noch kein volles Jahr bestanden haben, so ist bei diesen Kassen die Ausdehnung der Kassenleistungen über die Regelleistungen hinaus zurzeit nicht gefordert worden. Naturgemäß ließ sich eine versicherungstechnisch zuverlässige Berechnung der finanziellen Leistungskraft der einzelnen Kassen gegenwärtig nicht vornehmen, da die Grundlagen der Beitragsberechnung und der Ausgabenberechnung bei allen Kassen durch die Änderungen der Grundlöhne und Leistungen in solchem Umfang verschoben sind, daß die bisherigen Erträge und Ausgaben keinen sicheren Schluß auf die künftigen Ergebnisse zuließen. Man mußte sich daher mit allgemeinen Annahmen auf der Grundlage der bisherigen Rechnungsergebnisse begnügen.

Unter Anwendung dieser Grundsätze konnte bei keiner der bestehenden Kassen die Leistungsfähigkeit verneint werden. Dies erklärt sich daraus, daß die hamburgischen Zwangskassen sich zum größeren Teil in günstiger Vermögenslage befanden, und zum anderen Teil ihre Beiträge bei ungünstigem Vermögensbestande noch erheblich erhöhen konnten, um Bedenken zu beseitigen. Nur einige wenige Kassen mit überwiegend weiblichen Versicherten oder für Berufe oder Betriebe mit starker Erkrankungsgefahr hatten ihre Beiträge auf über 4½ vom Hundert bemessen müssen, um normale Leistungen und ausreichende Zuschläge zum Reservefonds sicherstellen zu können. Im Interesse der Leistungsfähigkeit der allgemeinen Ortskasse, die durch die Schließung dieser Kassen im Anfang ihres Bestehens nur geschwächt werden konnte, hielt man es aber auch bei diesen für ratsam, zunächst abzuwarten, ob die Hoffnungen der Beteiligten, die auf eine Besserung der Verhältnisse rechnen zu können glaubten, sich erfüllen würden.

Eingeschriebene Hilfskassen, welche ihre Tätigkeit auf das hamburgische Staatsgebiet beschränkten, konnten in keinem Falle als Ersatzkassen zugelassen werden, da es sich bei diesen nur um kleinere Kassen handelt, deren Mitgliederzahl 1000 nicht erreichte. Von der Befugnis, auf Grund des § 503 Abs. 2 RVO. die Mindestzahl herabzusetzen, hat der Senat keinen Gebrauch gemacht. Dagegen bleiben mehrere große Hilfskassen, die in Hamburg eine große Zahl von Mitgliedern haben, aber ihre Wirksamkeit über Hamburg hinaus erstrecken, als Ersatzkassen bestehen, so daß eine noch nicht zu übersehende, jedenfalls aber nicht unbeträchtliche Zahl der Versicherungspflichtigen in diesen Kassen verbleiben und auf Antrag von der eigenen Beitragsleistung und ihren Rechten als Mitglieder der Zwangskasse befreit bleiben. Der in seiner Tragweite strittige Artikel 25 EG. z. RVO. wird von den hamburgischen Versicherungsbehörden dahin verstanden, daß die Fortdauer der Gültigkeit der nach § 75a KVG. erteilten Bescheinigungen nicht die Befreiung der Mitglieder der Hilfskassen von der Mitgliedschaft bei den Zwangskassen zur Folge hat. Man geht hier davon aus, daß diese Bescheinigungen nur die Wirkung einer unanfechtbaren Feststellung hatten, daß die Kassen die zur Befreiung erforderlichen Leistungen gewährten, daß also insoweit die Voraussetzungen für die von den allgemeinen Vorschriften abweichende gesetzliche Regelung der Versicherung gegeben sind. Daß auch diese Regelung des alten Rechts selbst Geltung behalten soll, ist aus der Absicht des Gesetzgebers und dem Zwecke der Übergangsvorschrift nicht entnommen worden, die nur die Unzuträglichkeiten einer verzögerten Zulassung abwenden soll. Wenn die eingeschriebenen Hilfskassen nur bis zu ihrer Zulassung den Ersatzkassen gleichgestellt werden in der Weise, daß der Akt der Zulassung, der die gleiche Bedeutung hat wie die Erteilung der Bescheinigung aus § 75a KVG., einstweilen durch die Weitergeltung der Bescheinigung ersetzt wird, so können Unzuträglichkeiten daraus nicht entstehen, daß im übrigen die materiellen Vorschriften des Zweiten Buches der RVO., insbesondere auch die §§ 517 ff., auch für die Mitglieder der eingeschriebenen Hilfskassen mit dem 1. Januar 1914 zu entsprechender Anwendung gelangen. Demgemäß sind hier die Arbeitgeber von Hilfskassenmitgliedern ebenfalls zur Anmeldung ihrer bisher befreiten Beschäftigten zum 1. Januar 1914 angehalten worden, auch die Hilfskassen und deren Mitglieder selbst darauf hingewiesen, daß sie bis zum zweiten Zahltage nach dem 1. Januar 1914 den Antrag auf Ruhen ihrer Rechte und Pflichten stellen müssen.

Besondere Schwierigkeiten bereitete in der Stadt Hamburg die Durchführung der Versicherung für die große Zahl der unständigen Arbeiter, die in den Hafenbetrieben beschäftigt werden. Die Zahl der unständig Beschäftigten ist hier auf etwa 30000 bis

40000 zu schätzen. Die jährlich von dem Gemeindeverbande nach § 453 RVO. zu entrichtenden Beitragsteile würden daher eine ganz bedeutende Summe erreichen, die auf mindestens 300000 ℳ jährlich zu veranschlagen war. Die Einführung eines besonderen Umlageverfahrens nach § 454 würde sich bei den hiesigen Verhältnissen außerordentlich schwierig und kostspielig gestalten, da nach § 454 Abs. 2 die Umlagesätze nach der Zahl und Zeitdauer der Beschäftigung Unständiger abgestuft werden müßten. Es würde daher nichts anderes übrigbleiben, als die Gesamtlast auf die Stadtkasse zu übernehmen, also die Gesamtheit der Steuerzahler die in der Hauptsache durch die Hafenbetriebe verursachten Beitragslasten tragen zu lassen. Der Gedanke der Begründung, daß man die Allgemeinheit als Arbeitgeber ansehen könne, da die Tätigkeit Unständiger im Durchschnitt längerer Zeiträume allen Bevölkerungsklassen zu Nutzen komme, trifft für die Stadt Hamburg keineswegs zu. Aber auch im Interesse der Versicherten erregte die Regelung des Gesetzes Bedenken, weil eine große Zahl der Unständigen die ihnen obliegenden Pflichten eigener Beitragszahlung vernachlässigen und nach § 452 ihrer Ansprüche auf Krankengeld verlustig gehen würden, wenn nicht die Arbeitgeber für die regelmäßige und ausreichende Beitragsleistung Sorge tragen müssen. Demgemäß hat man sich in Hamburg entschlossen, für den Bezirk der Allgemeinen Orts-KK. Hamburg auf Grund des § 458 die Beitragsleistung in einer anderen Weise zu regeln, die auf dem Grundgedanken beruht, daß der Arbeitgeber seinen Beitragsteil selbst zu leisten und dafür zu sorgen hat, daß auch der Arbeiter seine Beiträge rechtzeitig in genügender Höhe entrichtet, während der Gemeindeverband die Beitragsteile der Arbeitgeber für Zeiten übernimmt, in denen der Unständige beschäftigungslos ist, aber Mitglied der Kasse bleibt. Die Entrichtung der Beiträge erfolgt, wie bei der Invalidenversicherung, durch Verwendung von Marken in den verschiedenen, den Lohnstufen und den Beitragsteilen entsprechenden Werten, welche von der Kasse ausgegeben werden. Für die Beitragsteile der Versicherten werden Wochenmarken, für diejenigen der Arbeitgeber Tagesmarken ausgegeben. Die Beitragsentrichtung erfolgt durch Einkleben der Marken in Ausweiskarten, die von einer behördlichen Ausgabestelle den zur Eintragung in das Mitgliederverzeichnis der allgemeinen Orts-KK. sich meldenden Arbeitern ausgestellt und nach Ablauf der auf 4 Monate bemessenen Gültigkeitsdauer gegen neue umgetauscht werden. Die Versicherten haben ihre Wochenmarken am Anfang jeder Kalenderwoche einzukleben und mit dem Datum der Verwendung zu entwerten. Die Arbeitgeber haben für jeden Tag, an welchem sie den Unständigen beschäftigen, am Schlusse der Beschäftigung eine Tagesmarke zu verwenden und zu entwerten. Hat der Versicherte seiner Pflicht zur Verwendung der Wochenmarke nicht genügt, so hat derjenige Arbeitgeber, der den Versicherten in der Woche zuerst beschäftigt, für ihn die Wochenmarke zu verwenden und ist alsdann berechtigt, den Betrag bei der Lohnzahlung vom Lohne zu kürzen. Hat der Versicherte keine oder keine gültige Ausweiskarte, so muß der Arbeitgeber für deren Ausstellung Sorge tragen, damit er seine Pflicht zur Verwendung der Beiträge erfüllen kann. Er hat daher das Recht, für den nachlässigen Arbeiter auf dessen Kosten die Ausstellung der Karte zu beantragen. Auf Grund der zum Umtausch eingereichten und der von der Ausgabestelle nötigenfalls eingezogenen Karten, deren Gültigkeitsdauer abgelaufen ist, stellt die Behörde, die die Ausgabe und den Umtausch der Karten auf Kosten der Kasse besorgt, gemeinsam mit der Kasse fest, für welche Tage keine Arbeitgebermarken eingeklebt sind. Der Wert der fehlenden Arbeitgeberbeiträge wird dann von der Behörde für Rechnung des Gemeindeverbandes der Kasse überwiesen. Die Erfüllung der den Arbeitgebern und Versicherten obliegenden Pflichten ist durch Strafbestimmungen gesichert. Ausnahmen von dem Verfahren der Markenverwendung können für größere Betriebe, die andere ausreichende Einrichtungen durch Nachweisungen in Listenform treffen können, zugelassen werden.

Es wird zuversichtlich erwartet, daß die Erhebung der Beiträge durch das in der Invalidenversicherung bewährte Klebesystem sich ohne nennenswerte Schwierigkeiten vollziehen wird.

Die Arztversorgung bot in der Stadt Hamburg keine Schwierigkeiten, da die stadthamburgischen Ärzte sich mit den Vertretern der Kassen in einer Einigungskommission zusammengefunden haben, die unter dem Vorsitz eines beamteten Arztes aus je vier Vertretern der Kassenvorstände, der bisher für die Kassen nach dem fixierten Kassenarztsystem tätigen Ärzte und den grundsätzlich die Forderungen des Leipziger Verbandes vertretenden Ärzten zusammengesetzt war. Die Kassen und Ärzte einigten sich auf der Grundlage, daß die bestehenden Verträge aufrechterhalten und die neu zu besetzenden Arztstellen nach dem der Kasse freigestellten Arztsystem durch Vermittlung der Einigungskommission ausgeschrieben werden, die eine Auswahl trifft und der Kasse einen Aufsatz von drei Bewerbern präsentiert, aus dem die Kasse den Arzt auswählt, mit welchem sie den Vertrag schließt. Über den Inhalt des Vertrags sind bisher nur mit der neuerrichteten allgemeinen Orts-KK. Normen vereinbart, während bei den bestehenden Kassen die bisherigen Vertragsbedingungen einstweilen beibehalten werden. Die anderen Aufgaben der Einigungskommission sind zwar nicht klar abgegrenzt worden, doch soll sie in allen wichtigeren Fragen der ärztlichen Versorgung als Vermittlungs- und Schlichtungsinstanz fungieren. Die Ärzte haben die Tätigkeit dieser Einigungskommission, die sie vor der Notwendigkeit eines Streites um Prinzipien bewahrte, bisher anerkannt und sich ihr unterworfen, obschon irgendwelche rechtliche Bindung der in ihr vertretenen Organisationen nicht erfolgt ist, während die Kassen sich zur Anerkennung der Einigungskommission förmlich verpflichteten. Trotz der rechtlich unsicheren Grundlagen, auf denen die Wirksamkeit der Einigungskommission beruht, hat sie doch sehr nützlich gewirkt, vielfache Verbesserungen der Vertragsbedingungen bei den neuen Vertragsschlüssen für die Ärzte erreicht und vor allem die Arztversorgung gesichert und in einer mit der ärztlichen Würde verträglichen Weise geregelt. Nachdem in letzter Stunde auch im Reiche die streitenden Zentralverbände der Kassen und Ärzte sich geeinigt haben, wird voraussichtlich eine Neuregelung auf der Grundlage des Reichsabkommens erfolgen.

Im hamburgischen Landgebiete bestanden dagegen die gleichen Schwierigkeiten wie in Preußen, da die ländlichen hamburgischen Gebietsteile von den preußischen umschlossen sind und die dort tätigen hamburgischen Ärzte, die auch auf die Praxis in dem umliegenden preußischen Gebiet angewiesen sind, sich von den Bestrebungen ihrer preußischen Kollegen nicht absondern konnten. So ist es in diesen Gebietsteilen, in denen die Ärzte den Kassen zum 1. Januar 1914 gekündigt hatten, erst nach Beilegung der Streitigkeiten durch die Berliner Konferenzen zu einer Verständigung gekommen, die das Abkommen zwischen den Zentralverbänden zur Grundlage hat.

Die hamburgischen Apotheken hatten von jeher den öffentlichen Anstalten und Kassen sowie Vereinen und Anstalten, die der öffentlichen Armenpflege dienen, gemäß Verordnungen des Senats auf Grund § 80 GO. einen Rabatt von 10 Prozent zu gewähren. Bei diesem Satze hat man es hier belassen und nur fabrikmäßig hergestellte Präparate und Zubereitungen ausgenommen, welche in fertiger Aufmachung (Originalpackung) in den Handel kommen und abgegeben werden. Dieser Rabatt hat aber gegenwärtig keine praktische Bedeutung, da die hamburgischen Apothekenbesitzer sämtlich mit den Kassen höhere Sätze von 15 vom Hundert und einen Abzug von 1½ vom Hundert für Barzahlung gegen die Verpflichtung vereinbart haben, auch die im freien Verkehr erhältlichen Arzneimittel aus den Apotheken zu beziehen. Die Handverkaufstaxen, welche auf Grund des § 376 Abs. 2 RVO. vom Senate noch am Schlusse des Jahres 1913 für den Verkehr mit den KKn. festgesetzt sind, können ebenfalls nur für künftige Zeiten Bedeutung gewinnen, in denen die Kassen und Apotheken nicht wieder zu günstigeren vertraglichen Abmachungen gelangen. Gegenwärtig haben die Apotheken mit den Kassen eine Handverkaufsliste vereinbart, die die Kassen erheblich günstiger stellt.

Die Zulassung der Zahntechniker zur Kassenbehandlung ist auf Grund des § 123 RVO. ebenfalls noch am Ende des Jahres im wesentlichen in Übereinstimmung mit den übrigen Bundesstaaten geregelt worden. Auch die Bestimmungen darüber, welche Personen als Zahntechniker im Sinne des Gesetzes gelten, bieten keine bemerkenswerten Besonderheiten.

9. Die Organisation in Bremen.

Von Regierungsrat Dr. St. Lürman, Bremen.

Die Umgestaltung des bremischen Krankenkassenwesens auf Grund der Vorschriften der RVO. hat wesentliche Schwierigkeiten nicht verursacht. Erleichtert sind die Arbeiten dadurch, daß außer den Betriebs-, Bau- und Innungs-KKn. nur eine Gemeindekrankenversicherung (im Landgebiete) und drei gemeinsame Orts-KKn. (für die Stadt Bremen und die Hafenstädte Vegesack und Bremerhaven) bestanden. Diese drei Orts-KKn. sind zu allgemeinen Orts-KKn. ausgestaltet worden und zwar eine für die Stadt Bremen und das Landgebiet (dessen Gemeindekrankenversicherung mit Ende vorigen Jahres aufgelöst ist), eine für Vegesack und eine für Bremerhaven.

Für das bremische Staatsgebiet ist ein OVA. errichtet, das seinen Sitz in der Stadt Bremen hat und der höheren Verwaltungsbehörde, der Polizeikommission des Senats, angegliedert ist. Als untere Verwaltungsbehörden sind bestimmt die Polizeidirektion in Bremen für Stadt-, Landgebiet und Vegesack und der Stadtrat in Bremerhaven für den dortigen Stadtbezirk. Die VÄ. sind diesen beiden unteren Verwaltungsbehörden angegliedert. Danach umfaßt der Bezirk des VA. Bremen das Stadtgebiet, das Landgebiet und die Hafenstadt Vegesack, der Bezirk des VA. Bremerhaven diesen Stadtbezirk. Im Bezirke des VA. Bremen bestehen mithin 2 allgemeine Orts-KKn. — in den Städten Bremen und Vegesack —, im Bezirks des VA. Bremerhaven eine allgemeine Orts-KK.

Den Orts-KKn. gehören alle versicherungspflichtigen Personen an, soweit sie nicht Mitglieder der Betriebs-, Innungs- oder der Dienstboten-KKn. sind. Dienstboten-KKn. bestehen auf Grund landesrechtlicher Vorschrift in Bremen schon seit 1895 und zwar eine für Stadt- und Landgebiet und je eine für die beiden Hafenstädte Bremerhaven und Vegesack. Die Satzungen dieser Kassen sind auf Grund des § 440 RVO. den reichsgesetzlichen Vorschriften angepaßt, ihre Mitglieder sind danach von dem Senat für versicherungsfrei erklärt.

Von der Errichtung von Land-KKn. hat man in Bremen Abstand genommen, da die landwirtschaftlichen Arbeiter auf Grund landesgesetzlicher Bestimmungen schon bisher krankenversicherungspflichtig waren und mithin den Orts-KKn. bzw. — im Landgebiete — der Gemeindekrankenversicherung angehörten, und die Dienstboten Mitglieder der Dienstboten-KKn. geblieben sind. Die Zahl der Wandergewerbtreibenden und der hausgewerblich Beschäftigten ist aber in Bremen nur gering, so daß es zweifelhaft erschien, ob neu errichtete Land-KKn. überhaupt leistungsfähig sein würden. Es sind daher durch Gesetz vom 25. Februar 1913 die Land-KKn. von dem bremischen Staatsgebiet ausgeschlossen. Die im Wandergewerbbetriebe Beschäftigten, die hausgewerblich Beschäftigten und die unständigen

Arbeiter sind ohne Ausnahme den drei Orts-KKn. zugefallen.

Eine besondere Regelung hat die Versicherung der unständig Beschäftigten erfahren. Ihre Zahl beträgt in der Stadt Bremen allein ungefähr 5000. Namentlich sind es die an den Häfen beschäftigten Arbeiter, die nicht in einem ständigen Arbeitsverhältnis stehen, sondern nur von Fall zu Fall und nur für kurze Zeit zur Erledigung von Stauerei- und ähnlichen Arbeiten von den Unternehmern oder Schiffseignern angenommen zu werden pflegen. Ihre Versicherung ist ähnlich wie in Hamburg dahin geregelt, daß die unständig Beschäftigten bei ihrer Meldung von der allgemeinen Orts-KK. Quittungskarten ausgehändigt erhalten. Die Quittungskarten gelten für drei Monate und sind nach Ablauf dieser Zeit bei der Orts-KK. umzutauschen.

Die Beitragsleistung ist nach dem Klebesystem geregelt. Die Orts-KK. gibt Tagesmarken gegen Bezahlung aus, die auf den vollen für den unständig Beschäftigten zu entrichtenden Tagesbeitrag lauten. Der Arbeitgeber unständig Beschäftigter hat täglich in die Quittungskarte eine Tagesmarke einzukleben und diese durch Aufschrift des Datums zu entwerten. Wird der unständig Beschäftigte von mehreren Arbeitgebern an einem Tage beschäftigt, so hat der erste Arbeitgeber die Marke zu kleben. Da damit gerechnet werden muß, daß der unständig Beschäftigte mitunter die Quittungskarte nicht bei sich führt, so ist in diesem Falle der Arbeitgeber berechtigt, dem unständig Beschäftigten eine entwertete Beitragsmarke auszuhändigen. Sache des Arbeitnehmers ist es alsdann, die Marke einzukleben. Weil die Zahlung des vollen für den unständig Beschäftigten zu entrichtenden Beitrags dem Arbeitgeber auferlegt ist, kann er von dem an den unständig Beschäftigten zu zahlenden Lohne den Beitrag des Arbeitnehmers ($2/3$ des vollen Beitrags) in Abzug bringen.

Da die unständig Beschäftigten auch für Tage vorübergehender Beschäftigungslosigkeit Mitglieder der Kasse bleiben, und für diese Zeit ein Arbeitgeber für die Entrichtung der vollen Beiträge nicht vorhanden ist, so hat der unständig Beschäftigte seinen Beitragsteil selbst zu entrichten. Ist er in der Beitragsentrichtung säumig, so treffen ihn eventuell die Nachteile aus § 452 RVO. (Beschränkung der Kassenleistungen auf Krankenpflege, Beschränkung des Sterbegeldes). Im übrigen hat der Gemeindeverband für die Zeit vorübergehender Beschäftigungslosigkeit des unständig Beschäftigten den Beitragsteil des Arbeitgebers zu übernehmen.

Da das Klebesystem für Arbeitgeber, die eine größere Anzahl unständiger Arbeiter beschäftigen, mit Unbequemlichkeiten verbunden sein kann, ist für diejenigen Gewerbtreibenden, die in ihrem Gewerbe durchschnittlich wenigstens 10 unständige Arbeiter beschäftigen, das Listenverfahren für die Beitragsleistung vorgesehen. Mit Zustimmung der Orts-KK. können diese Arbeitgeber an Stelle des Markenklebens Listen führen, in die der Vor- und Zuname, Geburtsdatum und Wohnort des unständig Beschäftigten sowie die Angabe der Tage, an denen er gegen Entgelt beschäftigt gewesen ist, eingetragen wird. Die Listen sind nach Ablauf jeder Kalenderwoche bis zum Mittwoch der folgenden Woche der Orts-KK. einzureichen. Dieselbe stellt die Beiträge nach der Gesamtzahl der Arbeitstage, an denen unständig Beschäftigte in der Kalenderwoche in dem Betriebe beschäftigt gewesen sind, fest und zieht monatlich von den Arbeitgebern die ermittelten vollen Beiträge ein. Die Arbeitgeber haben auch hier das Recht, den auf den unständig Beschäftigten entfallenden Anteil ($2/3$ des Gesamtbetrags) bei der Lohnzahlung einzubehalten.

Arbeitgeber, die das Listenverfahren anwenden, haben einen entsprechenden Anschlag auf den Arbeitsstellen unständig Beschäftigter in deutlicher Form anzubringen oder in anderer geeigneter Weise den unständig Beschäftigten davon Kenntnis zu geben. Da der unständig Beschäftigte eines Arbeitgebers, der von dem Listenverfahren Gebrauch macht, keine Tagesmarke erhält, ist der Arbeitnehmer berechtigt, sich monatlich die für ihn geleisteten Beiträge von der Orts-KK. in der Quittungskarte bescheinigen zu lassen.

Eine besondere Vorschrift besteht für diejenigen unständig Beschäftigten, die im bremischen Staatsgebiet ihren Wohnsitz haben, aber in anderen Bundesstaaten beschäftigt werden. Weil der auswärtige Arbeitgeber zur Beitragsleistung nicht herangezogen werden kann, hat in diesem Falle der unständig Beschäftigte seinen Beitragsteil bei der für seinen Wohnsitz zuständigen Orts-KK. selbst einzuzahlen, während der Arbeitgeberbeitrag von dem Gemeindeverband übernommen wird.

Neben den Strafvorschriften des Zweiten Buches der RVO. ist eine Bestrafung für Arbeitgeber vorgesehen, die es unterlassen, die Tagesmarken zu entrichten, oder die die für die Entrichtung der Beiträge zugelassenen Listen unvollständig führen oder nicht rechtzeitig einreichen.

Von den vorhandenen Betriebs-KKn. und Innungs-KKn. ist eine Anzahl auf ihren Antrag am 31. Dezember 1913 geschlossen worden. Ebenso sind zahlreiche kleine Versicherungsvereine auf Gegenseitigkeit (eingeschriebene Hilfskassen) aufgelöst oder in Zuschußkassen umgewandelt worden, so daß von diesen seit dem 1. Januar dieses Jahres nur noch 2 Kassen, die „Handelskrankenkasse" in Bremen und die „Kaufmännische Kasse" in Bremerhaven, als Ersatzkassen bestehen. Die Mitgliederzahl derselben beträgt etwa 12 000.

Danach ergibt sich bei dem Inkrafttreten des 2. Buches der RVO. für das bremische Staatsgebiet folgendes Bild, welches zeigt, daß die Konzentrierung des Kassenwesens in Bremen erheblich gefördert ist.

Es waren außer einer Anzahl eingeschriebener Hilfskassen vorhanden:

	Mitgliederzahl ca.
1 Gemeindekrankenversicherung	1100
3 Orts-KKn.	38500
23 Betriebs-KKn.	23000
1 Bau-KK.	540
14 Innungs-KKn.	4800
dazu 3 Dienstboten-KKn.	12500
zus. 45 Versicherungseinrichtung. mit ca.	80440 Mitgl.

Seit dem 1. Januar dieses Jahres sind vorhanden:

	Mitgliederzahl ca.
3 allgemeine Orts-KKn.	55000
19 Betriebs-KKn.	27452
12 Innungs-KKn.	4525
dazu 3 Dienstboten-KKn.	13000
zus. 37 Versicherungseinrichtg. mit ca.	99977 Mitgl.

und die beiden obengenannten Ersatzkassen. Während früher auf eine Versicherungseinrichtung 1788 Mitglieder entfielen, beträgt seit dem 1. Januar 1914 diese Zahl etwa 2702.

Eine Neuregelung der vertraglichen Beziehungen zwischen Ärzten und Krankenkassen ist im bremischen Staatsgebiete zurzeit noch nicht erfolgt. Sämtliche Verträge waren seitens der Ärzte den Kassen zum 1. Januar 1914 gekündigt worden, soweit nicht noch auf eine Anzahl von Jahren beschränkte Verträge über den 1. Januar hinaus liefen. Zu einem vertragslosen Zustand vom 1. Januar 1914 ab ist es indes nicht gekommen, da sich die Ärzte auf Grund des Berliner Abkommens vom 23. Dezember 1913 bereit erklärten, bis zum Abschluß der neuen Verträge ihre Tätigkeit für die Kassen nach den alten Vertragsbedingungen fortzusetzen. Durch Vermittlung des OVA. sind jetzt neue Verhandlungen angebahnt worden, die hoffentlich zu einem für die Ärzteschaft und für die Kassen ersprießlichen Frieden führen werden.

Die Festsetzung des Abschlags von den Preisen der Arzneitaxe, den nach § 376 Abs. 1 RVO. die Apotheken den KKn. für die Arzneien zu gewähren haben, ist durch Verordnung des Senats vom 30. Dezember 1913 erfolgt. Der Abschlag beträgt 10 v. H.; seine Gewährung hat zur Voraussetzung, daß der Gesamtbetrag für Rezeptur- und Handverkaufsartikel in einem Kalendervierteljahr mindestens 20 ℳ beträgt und daß die Bezahlung innerhalb des nächstfolgenden Kalendervierteljahrs erfolgt. Auf Heilsera, Tuberkulin in unverdünntem Zustand, sowie auf die nach Ziff. 21 Abs. 1 der Deutschen Arzneitaxe berechneten fabrikmäßig hergestellten Arzneizubereitungen ist der Abschlag nicht ausgedehnt worden.

Ferner sind durch Verordnung der Polizeikommission des Senats vom 23. Dezember 1913 gemäß § 376 Abs. 2 RVO. die Höchstpreise von solchen einfachen Arzneimitteln festgelegt worden, die sonst ohne ärztliche Verschreibung (im Handverkauf) abgegeben zu werden pflegen. Eine der Vorschrift des § 376 Abs. 3 RVO. entsprechende Bestimmung hat aus Zweckmäßigkeitsgründen in der Verordnung vom 23. Dezember 1913 Aufnahme gefunden.

Endlich hat auch durch die Verordnung des Senats vom 30. Dezember 1913 die Frage, wer als Zahntechniker im Sinne der RVO. anzusehen ist, und wieweit Zahntechniker auch ohne Zustimmung des Versicherten bei Zahnkrankheiten mit Ausschluß der Mund- und Kieferkrankheiten selbständige Hilfe leisten können, ihre Regelung erfahren. Die einzelnen Erfordernisse, um ein Zahntechniker im Sinne der RVO. zu sein, sind im Anschluß an die über den gleichen Gegenstand erlassenen Bestimmungen anderer deutscher Bundesstaaten aufgestellt worden. Die Zuziehung von Zahntechnikern zur selbständigen Hilfeleistung ohne Zustimmung des Versicherten ist davon abhängig gemacht, daß entweder ein tatsächlicher Mangel an Zahnärzten besteht, oder daß nicht genügend Zahnärzte vorhanden sind, die zu angemessenen Bedingungen die Behandlung der Versicherten übernehmen. Die Entscheidung über die Bedürfnisfrage liegt dem VA. ob, das vor der Entscheidung den Gesundheitsrat als Sachverständigenkollegium zu hören hat.

Ein Bedürfnis, nach § 122 Abs. 2 RVO. Hilfspersonen (Bader, Hebammen, Heildiener usw.) abgesehen von den Fällen in § 122 Abs. 1 innerhalb der staatlich anerkannten Befugnisse zu selbständiger Hilfeleistung zu ermächtigen, sowie nach § 123 Heildiener und Heilgehilfen zu selbständiger Hilfe bei Zahnkrankheiten zuzulassen, hat für das bremische Staatsgebiet nicht vorgelegen.

---

10. Die Organisation in Lübeck.

Von Dr. Storck, Rat am Stadt- und Landamt in Lübeck.

Der die Ausgestaltungsarbeiten nach dem Zweiten Buche der RVO. beherrschende Gedanke der Vereinheitlichung des Krankenkassenwesens konnte in Lübeck um so leichter zur Durchführung gelangen, als die Kassenverhältnisse schon bisher außerordentlich übersichtlich waren. Es bestanden hier am 31. Dezember 1913:

37 Gemeindekrankenversicherungen mit zusammen etwa	1360 Versicherten
1 Ortskr.-KK. mit zusammen etwa	27000 "
5 Betriebs-KKn. mit zusamm. etwa	3200 "
6 InnungsKKn. mit zusamm. etwa	1200 "
4 eingeschriebene Hilfskassen mit zusammen etwa	6000 "

Der Wirkungskreis der Orts-KK. erstreckte sich auf das Stadtgebiet, der der Innungs-KKn. auf das Staatsgebiet. In den 38 Landgemeinden waren sämtliche Versicherungspflichtige in Gemeindekrankenversicherungen versichert, in 9 war die Versicherungspflicht auf die land- und forstwirtschaftlichen Arbeiter ausgedehnt. In der Stadt Lübeck war die Gemeindekrankenversicherung nie in Tätigkeit getreten, die Dienstboten waren in einer städtischen Versicherungseinrichtung, der Gesinde-KK., versichert.

Die hervorragende Stellung der Orts-KK. ließ es als selbstverständlich erscheinen, daß sie zur allgemeinen Orts-KK. ausgestaltet wurde, und zwar wurde in Übereinstimmung mit der von Schäffer (Monatsschrift für Arbeiter- und Angestellten-Versicherung Mai 1913) vertretenen Ansicht die Ausgestaltung der sich bisher nur auf das Stadtgebiet erstreckenden Orts-KK. auf das ganze Staatsgebiet gemäß Art. 15 Abs. 2 EG. z. RVO. durch Beschluß der Generalversammlung für zulässig gehalten. Da der Kasse in Aussicht gestellt wurde, daß sie ausgestaltet werde, sah sie von der Stellung eines Antrags auf Zulassung als besondere Orts-KK. ab. Neben der ausgestalteten Kasse wurde eine Land-KK. nicht errichtet. Maßgebend waren dafür die Schwierigkeiten und Kosten, welche die Verwaltung einer Land-KK. bei der Zerrissenheit des Staatsgebiets in zahlreichen Enklaven gemacht haben würde; politische Gesichtspunkte konnten eine andere Entscheidung nicht herbeiführen, da die Hereinziehung der landwirtschaftlichen Arbeiter in die politisch-gewerkschaftlichen Kämpfe, die ja sonst als eine Folge der Einbeziehung der Landarbeiter in die Ortskassen befürchtet wird, in der Nähe der Industriestadt ohnehin bereits zur Tatsache geworden ist. Es wurde deshalb im Einvernehmen mit der Landwirtschaftskammer von der Errichtung einer Land-KK. abgesehen, und die Landkassenpflichtigen gehören hier der allgemeinen Orts-KK. an, jedoch mit Ausnahme der in der Stadt beschäftigten Dienstboten. Deren besondere, seit 1890 bestehende, auf Landesgesetz beruhende Kasse wurde beibehalten, nachdem das sie betreffende Gesetz im November 1913 den Anforderungen des § 440 RVO. entsprechend abgeändert worden war. Der Bestand dieser Kasse schien dem Senat aus politischen Gründen und aus Rücksicht auf die Dienstboten und die Dienstherrschaften, die beide erheblich niedrigere Beiträge als bei der Zugehörigkeit des Gesindes zur Ortskasse zu zahlen haben, so wichtig, daß er gegenüber den auf die Einbeziehung der Dienstboten in die Orts-KK. hinzielenden Bestrebungen das Zustandekommen des die Leistungen der Gesinde-KK. erweiternden Gesetzes zur Bedingung dafür machte, daß er nicht als Vertreter des Gemeindeverbandes eine Land-KK. errichtete.

Für die Zulassung der Betriebs- und Innungs-KKn. waren die gesetzlichen Erfordernisse gegeben; nur bei zwei Innungs-KKn. schien die Leistungsfähigkeit für die Dauer zweifelhaft, und es wurde ihnen aufgegeben, Sicherheiten in Höhe von 1000 ℳ und 400 ℳ zu leisten; dem ist entsprochen.

Die Frist zur Einreichung der Satzungen wurde vom VA. für alle Kassen bis zum 30. Juni verlängert. Als genügend wurde angesehen, wenn eine von den zuständigen Organen ordnungsmäßig beschlossene Satzung bis zu diesem Zeitpunkt eingereicht wurde. Die Prüfung der Satzung wurde, trotzdem manche Satzungen erhebliche Mängel zeigten, so rechtzeitig fertiggestellt, daß sämtliche Satzungen Ende November genehmigt waren. Die vom OVA. gewünschten Änderungen wurden von allen Kassen unbesehen angenommen; bei der Orts-KK. bedurfte es zur Annahme einiger die Wahlordnung betreffender Änderungen allerdings eines Druckes durch den Senat, indem dieser erklärte, daß er im Falle der Ablehnung der Änderungen von seinem Rechte als Vertreter des Gemeindeverbandes, eine allgemeine Orts-KK. zu errichten, Gebrauch machen werde, in welchem Falle die allgemeine Orts-KK., da sie einen Zulassungsantrag nicht gestellt hatte, geschlossen worden wäre.

Anträge auf Zulassung eingeschriebener Hilfskassen sind hier nicht gestellt worden, nachdem die Beteiligten belehrt waren, daß der Senat von der Befugnis des § 503 Abs. 2 RVO. in keinem Falle Gebrauch machen werde. Die Hilfskassen bestehen als Zuschußkassen weiter.

Eine bemerkenswerte Neuerung der Neuordnung ist, daß nunmehr im ganzen Staatsgebiete, Stadt- und Landgebiete, für alle invalidenversicherungspflichtigen Personen mit Ausnahme der unständig Beschäftigten das Einzugsverfahren eingeführt ist; Einzugsstellen sind die KKn.

Hinsichtlich der Beziehungen der Kassen zu den Ärzten herrschten hier immer die besten Verhältnisse. Es bestand bei sämtlichen Kassen mit Ausnahme einer Privatbahnkasse, deren ärztliche Versorgung durch Verträge zunächst bis zum 1. April 1914 sichergestellt ist, die freie Arztwahl. Die Verhandlungen zwischen der ärztlichen Organisation und den Kassen wurden, nachdem das VA. eingegriffen hatte, auch während der Zeit weitergeführt, in der die Verhandlungen zwischen den Zentralorganisationen abgebrochen waren, jedoch von seiten der Ärzte mit der ausdrücklichen Erklärung, daß die Voraussetzung für den endgültigen Abschluß der Verträge die Einigung der Hauptverbände sei. Als den ärztlichen Lokalorganisationen dann der Vertragsschluß freigegeben war, waren alsbald die Verträge zwischen den Ärzten und den Innungs-KKn. und zwei Betriebs-KKn. fertig; der mit drei Betriebs-KKn. steht unmittelbar bevor. Dagegen ist eine Einigung zwischen der allgemeinen Orts-KK. und den Ärzten nicht zustande gekommen; auf Anrufen beider Parteien wird zunächst das VA. einen Einigungsversuch unternehmen; mißlingt dieser, so soll das Schiedsamt unter dem Vorsitz des Direktors des OVA. entscheiden.

Die Ausführungsvorschriften gemäß §§ 376 und 122, 123 RVO. wurden nach Anhörung der Interessenvertretungen im wesentlichen anschließend an die preußischen Vorschriften getroffen.

So vollzog sich in Lübeck die Ausgestaltung der Krankenversicherung nach der RVO. ohne Schwierigkeiten und zur Zufriedenheit aller Beteiligten, und es ist nur zu hoffen, daß die letzte Durchführungsarbeit, der Abschluß eines Vertrags zwischen der allgemeinen Orts-KK. und den Ärzten, von gleich versöhnlichem Geiste der Beteiligten geleitet, einen günstigen Abschluß findet.

Statistische Vergleichung der bisherigen und der neuen Organisation der Krankenversicherung für das ganze Reich.

Von Dr. Klein, Berlin,
Senatspräsident im Reichsversicherungsamt.

1. Übersicht über Versicherungsträger und Versicherte der Krankenversicherung 1914 und 1912 auf S. 51 gibt einen Überblick über die Verschiebung in der Zahl und Art der Kassen und ihrer Versicherten, die durch die Neuordnung der Krankenversicherung durch die RVO. herbeigeführt ist. Die Zahlen für 1912 sind dem Reichsarbeitsblatte (1913 S. 937) entnommen. Die Zahlen für 1914 sind für Preußen nach dem „Verzeichnis der in Preußen bestehenden Krankenkassen" (Berlin 1914, Carl Heymanns Verlag) zusammengestellt, für die anderen Bundesstaaten von den Verfassern der Abhandlungen über Einrichtung der Krankenversicherung zur Verfügung gestellt oder von OVÄ. usw. geliefert. Die Zahl der Versicherten beruht meist auf Schätzung.

Neben den nachgewiesenen Orts-, Land-, Betriebs- und Innungs-KKn. bestehen im Jahre 1914 die knappschaftlichen KKn., für welche die Zahlen für die Jahre 1912 und 1914 noch nicht vorliegen (1911 159 Knappschaftskassen mit 899 716 Versicherten). Außerdem kommen die Ersatzkassen in Frage, für welche bisher keine genauen Zahlen bekannt sind. Im Jahre 1911 bestanden 1227 eingeschriebene Hilfskassen mit der Bescheinigung aus § 75a KVG. mit 925 148 Versicherten und 129 landesrechtliche Hilfskassen mit 35 118 Versicherten. Die letztere Kassenart kommt nach der RVO. für die reichsgesetzliche Krankenversicherung nicht mehr in Betracht. Die Mitglieder der eingeschriebenen Hilfskassen sind bis zum 30. Juni 1914 von der Versicherungspflicht befreit, sofern nicht die Kasse vorher als Ersatzkasse zugelassen ist. Die Zahl der zugelassenen Ersatzkassen wird voraussichtlich 100 nicht wesentlich übersteigen.

Für Bremen sind 3 Dienstboten-KKn. mit 13 000 Mitgliedern, für Hamburg 1 Dienstboten-KK. mit 33 151 Mitgliedern und für Lübeck 1 Gesinde-KK. mit 3800 Mitgliedern zugelassen (§ 440 RVO.).

Die Übersicht zeigt, daß nach der Absicht der RVO. die Zahl der Versicherungsträger im ganzen vermindert ist. Der Schwerpunkt liegt durchweg in den allgemeinen Orts-KK.

2. Die Durchschnittsgröße der Orts-, Land-, Betriebs- und Innungs-KKn. 1914 und 1912, wie sie die Tabelle auf Seite 52 für das Deutsche Reich als Ganzes und die einzelnen Bundesstaaten erkennen läßt, zeigt die Größenverschiebung, die bei diesen Trägern der Krankenversicherung infolge des Inkrafttretens der RVO. eingetreten ist. Die Durchschnittsberechnungen sind auf Grund der Zahlenangaben der Tabelle auf Seite 51 vorgenommen worden.

Der Absicht der RVO. entsprechend tritt fast durchweg ein starkes Anwachsen der Versicherungsträger hervor. Während 1912 auf 1 Orts-KK. im Reiche durchschnittlich 1602 Versicherte entfielen, ist diese Durchschnittsgröße für 1914 auf 3960 gewachsen. Die höchsten Ziffern ergeben sich für die allgemeinen Orts-KKn. 1914 (1912) in Lübeck 30 000 (23 574), Bremen 18 333 (12 679) und Elsaß-Lothringen 7222 (2633), die niedrigsten in Schaumburg-Lippe 824 (475), Lippe 934 (657) und Mecklenburg-Strelitz 958 (1009). Die größten besonderen Orts-KKn. befinden sich in Hamburg mit 4025, in Baden mit 3483 und in Württemberg mit 2676 durchschnittlich Versicherten. Die kleinsten besonderen Orts-KKn. in durchschnittlicher Versichertenzahl weisen Großherzogtum Sachsen mit 477, Braunschweig mit 575 und Sachsen-Altenburg mit 745 auf.

Die neuen Land-KKn. schwanken in der Durchschnittszahl ihrer Mitglieder zwischen 7500 in Anhalt, 6000 in Braunschweig und 5513 in Preußen einerseits und 901 in Lippe, 918 in Schaumburg-Lippe und 1500 in Waldeck-Pyrmont anderseits.

Die größten Betriebs-KKn. sind nach den Durchschnittszahlen für 1914 (eingeklammerte Zahlen betreffen 1912) zu finden in Reuß j. L. mit 2456 Versicherten (1127), in Bremen mit 1445 (883) und in Hamburg mit 1302 (1182) Versicherten, die kleinsten in Braunschweig mit 206 (167), in Schwarzburg-Rudolstadt mit 207 (137) und in Schaumburg-Lippe mit 217 (135) Versicherten.

Die durchschnittliche Größe der Innungs-KKn. schwankt zwischen 1973 (1877) in Hamburg, 641 (621) in Bayern und 505 (494) in Baden einerseits und 99 (78) in Mecklenburg-Schwerin, 103 (106) in Reuß ä. L. und 110 (—) in Schwarzburg-Sondershausen anderseits.

— 51 —

Versicherungsträger und Versicherte der Krankenversicherung 1914 und 1912.

Staaten	Jahr	Allgemeine Ortskrankenkassen		Besondere Ortskrankenkassen		Gemeindekrankenversicherung		Landkrankenkassen		Betriebs- (Fabrik-, Bau-) krankenkassen		Innungskrankenkassen	
		Anzahl	Versicherte	Anzahl	Versicherte	Anzahl	Versicherte	Anzahl	Versicherte	Anzahl	Versicherte	Anzahl	Versicherte
1	2	3	4	5	6	7	8	9	10	11	12	13	14
Preußen	1914	1 325	5 154 000	259	565 000	—	—	409	2 255 000	3 241	2 164 000	630	268 000
	1912	3 056	4 552 511			1 847	546 347	—	—	4 557	2 182 619	602	238 497
Bayern	1914	236	1 174 000	8	11 300	—	—	60	136 000	470	275 000	27	17 300
	1912	75	275 274	—	—	3 803	647 856	—	—	721	293 414	28	17 384
Königreich Sachsen	1914	424	1 316 000	9	8 100	—	—	38	74 600	608	323 300	99	46 200
	1912	662	1 085 930	—	—	605	142 697	—	—	858	342 391	116	50 318
Württemberg	1914	70	491 566	16	42 813	—	—	—	—	210	119 253	10	4 241
	1912	102	338 365	—	—	11	17 089	—	—	276	121 689	10	3 213
Baden	1914	86	417 000	9	31 350	—	—	—	—	261	153 430	19	9 600
	1912	147	290 342	—	—	409	132 750	—	—	399	155 904	16	7 899
Hessen	1914	25	175 000	9	9 000	—	—	14	48 000	77	66 000	7	2 400
	1912	93	138 191	—	—	699	68 302	—	—	102	62 388	5	1 397
Mecklenburg-Schwerin	1914	46	73 638	—	—	—	—	40	61 043	17	9 454	10	990
	1912	47	44 494	—	—	178	17 566	—	—	34	9 951	30	2 338
Großherzogtum Sachsen	1914	31	97 246	1	477	—	—	—	—	35	11 202	3	713
	1912	44	84 179	—	—	8	7 591	—	—	47	16 120	3	701
Mecklenburg-Strelitz	1914	11	10 543	—	—	—	—	3	14 845	4	894	—	—
	1912	5	5 045	—	—	11	6 205	—	—	4	801	—	—
Oldenburg	1914	27	59 876	—	—	—	—	13	32 720	15	13 232	8	1 062
	1912	27	37 719	—	—	35	8 960	—	—	30	14 007	11	1 468
Braunschweig	1914	35	115 120	3	1 725	—	—	1	6 000	90	18 500	14	3 500
	1912	150	77 463	—	—	194	32 325	—	—	148	24 761	13	3 588
Sachsen-Meiningen	1914	18	55 000	—	—	—	—	—	—	44	16 000	—	—
	1912	42	42 502	—	—	5	6 761	—	—	65	16 869	—	—
Sachsen-Altenburg	1914	12	51 409	2	1 490	—	—	2	9 207	14	5 663	6	902
	1912	15	37 608	—	—	121	22 369	—	—	27	6 907	4	673
Sachsen-Coburg-Gotha	1914	19	68 444	—	—	—	—	—	—	36	9 111	5	1 186
	1912	38	54 344	—	—	1	504	—	—	43	9 791	4	611
Anhalt	1914	9	60 066	—	—	—	—	1	7 500	41	14 223	9	1 492
	1912	31	34 977	—	—	32	32 227	—	—	57	16 166	10	1 436
Schwarzburg-Sondersh.	1914	4	25 500	—	—	—	—	—	—	9	2 156	1	110
	1912	3	14 850	—	—	2	5 407	—	—	15	3 098	—	—
Schwarzburg-Rudolstadt	1914	13	21 838	—	—	—	—	—	—	18	3 782	5	618
	1912	46	15 175	—	—	57	3 296	—	—	39	5 344	5	652
Waldeck-Pyrmont	1914	4	12 000	—	—	—	—	1	1 500	1	500	—	—
	1912	—	—	—	—	4	7 651	—	—	3	550	—	—
Reuß ä. L.	1914	6	27 090	—	—	—	—	—	—	6	3 110	1	103
	1912	15	21 762	—	—	1	58	—	—	10	5 634	2	212
Reuß j. L.	1914	6	35 395	—	—	—	—	1	2 785	5	12 280	1	472
	1912	5	32 690	—	—	80	4 147	—	—	11	12 393	1	450
Schaumburg-Lippe	1914	5	4 120	—	—	—	—	3	2 755	3	651	—	—
	1912	7	3 324	—	—	1	169	—	—	6	812	—	—
Lippe	1914	17	15 880	2	1 623	—	—	9	8 110	4	1 707	1	460
	1912	22	14 460	—	—	2	243	—	—	7	1 780	—	—
Lübeck	1914	1	30 000	—	—	—	—	—	—	5	3 200	6	1 410
	1912	1	23 574	—	—	45	3 444	—	—	5	3 131	5	963
Bremen	1914	3	55 000	—	—	—	—	—	—	19	27 452	12	4 525
	1912	3	38 038	—	—	1	1 151	—	—	25	22 063	14	4 266
Hamburg	1914	3	13 000	19	76 471	—	—	—	—	43	55 970	8	15 785
	1912	21	137 216	—	—	24	10 488	—	—	50	59 092	8	15 016
Elsaß-Lothringen	1914	27	195 000	—	—	—	—	—	—	261	166 000	10	3 100
	1912	60	158 003	—	—	—	—	—	—	335	194 223	5	1 086
Deutsches Reich	1914	2 463	9 753 731	337	749 349	—	—	595	2 660 065	5 537	3 476 020	892	384 169
	1912	4 717	7 558 036	—	—	8 176	1 725 603	—	—	7 874	3 581 898	892	352 168

4*

Durchschnittsgröße der Orts-, Land-, Betriebs- und Innungs-KKn. 1914 und 1912.

Staaten	Jahr	Allgemeine Orts-KKn.	Besondere Orts-KKn.	Land-KKn.	Betriebs-(Fabrik-, Bau-)KKn.	Innungs-KKn.
		Durchschnittlich entfallen auf eine Kasse Versicherte				
1	2	3	4	5	6	7
Preußen	1914	3 890	2 181	5 513	668	425
	1912	1 490		—	479	396
Bayern	1914	4 975	1 413	2 267	585	641
	1912	3 670	—	—	407	621
Königreich Sachsen	1914	3 104	900	1 963	532	467
	1912	1 640	—	—	399	434
Württemberg	1914	7 022	2 676	—	568	424
	1912	3 317	—	—	441	321
Baden	1914	4 849	3 483	—	588	505
	1912	1 975	—	—	391	494
Hessen	1914	7 000	1 000	3 429	857	343
	1912	1 486	—	—	612	279
Mecklenburg-Schwerin	1914	1 601	—	1 526	556	99
	1912	947	—	—	293	78
Großherzogtum Sachsen	1914	3 137	477	—	320	238
	1912	1 913	—	—	343	234
Mecklenburg-Strelitz	1914	958	—	4 948	224	—
	1912	1 009	—	—	200	—
Oldenburg	1914	2 218	—	2 517	882	133
	1912	1 397	—	—	467	133
Braunschweig	1914	3 289	575	6 000	206	250
	1912	516	—	—	167	276
Sachsen-Meiningen	1914	3 056	—	—	364	—
	1912	1 012	—	—	260	—
Sachsen-Altenburg	1914	4 284	745	4 604	405	150
	1912	2 507	—	—	256	168
Sachsen-Coburg-Gotha	1914	3 602	—	—	253	237
	1912	1 430	—	—	228	153
Anhalt	1914	6 674	—	7 500	347	166
	1912	1 128	—	—	284	144
Schwarzburg-Sondershausen	1914	6 375	—	—	240	110
	1912	4 950	—	—	207	—
Schwarzburg-Rudolstadt	1914	1 680	—	—	207	124
	1912	330	—	—	137	130
Waldeck-Pyrmont	1914	3 000	—	1 500	500	—
	1912	—	—	—	183	—
Reuß ä. L.	1914	4 515	—	—	518	103
	1912	1 451	—	—	563	106
Reuß j. L.	1914	5 899	—	2 785	2 456	472
	1912	6 538	—	—	1 127	450
Schaumburg-Lippe	1914	824	—	918	217	—
	1912	475	—	—	135	—
Lippe	1914	934	812	901	427	460
	1912	657	—	—	254	—
Lübeck	1914	30 000	—	—	640	235
	1912	23 574	—	—	626	193
Bremen	1914	18 333	—	—	1 445	377
	1912	12 679	—	—	883	305
Hamburg	1914	4 333	4 025	—	1 302	1 973
	1912	6 534	—	—	1 182	1 877
Elsaß-Lothringen	1914	7 222	—	—	636	310
	1912	2 633	—	—	580	217
Deutsches Reich	1914	3 960	2 224	4 471	628	431
	1912	1 602		—	455	395

MIX
Papier aus verantwortungsvollen Quellen
Paper from responsible sources
FSC® C105338

If you have any concerns about our products,
you can contact us on
ProductSafety@springernature.com

In case Publisher is established outside the EU,
the EU authorized representative is:
**Springer Nature Customer Service Center GmbH
Europaplatz 3, 69115 Heidelberg, Germany**

Printed by Libri Plureos GmbH
in Hamburg, Germany